Preconceito contra a "mulher":
Diferença, Poemas e Corpos

Conselho Editorial de Educação:
José Cerchi Fusari
Marcos Antonio Lorieri
Marli André
Pedro Goergen
Terezinha Azerêdo Rios
Valdemar Sguissardi
Vitor Henrique Paro

Dados Internacionais de Catalogação na Publicação (CIP)
(Câmara Brasileira do Livro, SP, Brasil)

Azerêdo, Sandra
 Preconceito contra a "mulher" : diferença, poemas e corpos / Sandra Azerêdo. – 2. ed. – São Paulo : Cortez, 2011. – (Preconceitos, v. 1)

 Bibliografia.
 ISBN 978-85-249-1704-2

 1. Discriminação contra mulheres 2. Feminismo 3. Filosofia 4. Mulheres – Abuso 5. Mulheres – Psicologia I. Título. II. Série.

11-01851   CDD-305.42

Índices para catálogo sistemático:
1. Preconceito contra a mulher : Sociologia   305.42

Sandra Azerêdo

Preconceito contra a "mulher":
Diferença, Poemas e Corpos

2ª edição

Preconceito contra a "mulher": diferença, poemas e corpos
(col. Preconceitos — v. 1)
Sandra Azerêdo

Capa: aeroestúdio
Preparação de originais: Jaci Dantas
Revisão: Cibele Cesário da Silva
Composição: Linea Editora Ltda.
Coordenação editorial: Danilo A. Q. Morales

Nenhuma parte desta obra pode ser reproduzida ou duplicada sem autorização expressa da autora e do editor.

© 2007 by Autora

Direitos para esta edição
CORTEZ EDITORA
Rua Monte Alegre, 1074 — Perdizes
05014-001 — São Paulo - SP
Tel.: (11) 3864-0111   Fax: (11) 3864-4290
e-mail: cortez@cortezeditora.com.br
www.cortezeditora.com.br

Impresso no Brasil — abril de 2011

Para Mariska, "minha amiga, minha irmã",
que nos deixou no Grupo Ceres com saudades...

Para minha mãe, Zizi,
que gostava de escrever poesia.

Para Rafael, meu neto, que nasceu junto com o livro:
"um começar de novo, um jogo,
uma roda rodando por si mesma...
um sagrado dizer sim...
Sim, para o jogo de criar...".

A poesia me pega com sua roda dentada,
me força a escutar imóvel
o seu discurso esdrúxulo.
Me abraça detrás do muro, levanta
a saia pra eu ver, amorosa e doida.
(...) Eu corro ela corre mais,
eu grito ela grita mais,
sete demônios mais forte.
Me pega a ponta do pé
e vem até na cabeça,
fazendo sulcos profundos.
É de ferro a roda dentada dela.

Adélia Prado

Sumário

Apresentação 11

Introdução — A produção e manutenção do preconceito
contra a mulher 19

1. Mulher e filosofia — A construção da "mulher" em
fragmentos da filosofia ocidental 43

2. Teoria feminista — As (des)construções dos conceitos
pelas mulheres 82

3. Concluindo — Algumas anotações sobre a amizade 103

Referências bibliográficas 109

Glossário 117

Apresentação

Este livro, que trata do preconceito contra a mulher, faz parte de uma coleção sobre diversos tipos de preconceitos. É preciso começar tentando esclarecer a escolha do título, que mistura corpos e poemas com diferença, e busca fazer uma genealogia da "mulher", entre aspas. Mulher está entre aspas justamente para enfatizar que não existe uma essência de mulher que estaria na origem do preconceito contra ela. Para a genealogia, perguntas sobre origem — como começou esse danado de preconceito contra a mulher? ele se deve à sua fraqueza? à sua incapacidade inata de lidar com as ciências exatas (como argumentou o ex-reitor da Universidade de Harvard)? ao fato de ela sangrar todo mês? ao útero? — não fazem o menor sentido e apenas contribuem para o acirramento do preconceito.

A genealogia é um método proposto por Nietzsche e utilizado por Michel Foucault, que tem como objetivo justamente desafiar a busca de origem, que tenta capturar a essência e a identidade, que acredita que a perfeição esteja na origem, associando-a a um trabalho dos deuses que se faz acima das vicissitudes da história, e que considera que ali se encontra a verdade. Para Foucault, "a genealogia precisa da história para se livrar das quimeras da origem" e seu papel é registrar o desenvolvimento da humanidade como sendo uma série de interpretações, entendendo a interpretação não como "a lenta exposição de um significado escondido em uma origem", mas como "a apropriação violenta e sub-reptícia de um sistema de regras, que em si mesmo não tem nenhum significado essencial, para lhe impor uma direção, dobrá-lo a uma nova vontade, forçar sua participação em um outro jogo, e submetê-lo a regras secundárias" (Foucault, 2001, p. 1.014)[1]. Assim como precisa da história, a genealogia também precisa do corpo, que, da mesma forma que o poema, tem "fronteiras, que se materializam na interação social", como argumenta Donna Haraway, que, continuando seu argumento, escreve:

> Fronteiras são desenhadas através de práticas de mapeamento; "objetos" não pré-existem como tais. Objetos são projetos de fronteiras. Mas fronteiras oscilam desde dentro, fronteiras são muito ardilosas. O que as fronteiras contêm provisoriamente permanece gerativo, produtivo de significados e de corpos. Assentar (visualizar)[2] fronteiras é uma prática arriscada (Haraway, 1995, p. 40).

O risco envolvido na prática de assentar/visualizar fronteiras está diretamente relacionado à afirmação e à escuta da diferença. Um bom exemplo desse risco aconteceu certa manhã comigo, ao encontrar um amigo perto de minha casa, com quem tive mais ou menos o seguinte diálogo:

---

1. A tradução é minha, assim como a dos demais textos estrangeiros que aparecem nas referências bibliográficas.

2. Haraway está fazendo aqui um jogo de palavras com "sitting/sighting" (assentar/visualizar), que, em inglês, são pronunciadas do mesmo modo. Embora a revisão da tradução desse texto tenha sido feita por mim, estou aqui fazendo algumas modificações, que considero como correspondendo melhor ao texto original. Hoje já estou lendo diferente um texto cuja tradução revi em 1995, o que talvez indique que a tradução é mesmo um processo que permeia nossas relações, não podendo nunca ser "fiel", como mostra o trabalho de Cláudia de Lima Costa e Eliana Ávila, que introduz o debate sobre "La consciencia de la mestiza", de Gloria Anzaldúa, na Revista *Estudos Feministas* (2005).

— Oi, você mora por aqui?
— Não, estou vindo da casa do meu namorado.
— Onde ela mora?
— Eu disse namorad**o** e não namorad**a**.
— Ah... por favor, me desculpe! Onde *ele* mora?

E a conversa pôde prosseguir mais tranquilamente a partir daí, mas algo havia mudado. Me dei conta de como tinha sido difícil eu mesma, que tento estar atenta ao preconceito, lidar com a diferença, quando ela irrompeu, assim de repente, não sendo capaz de visualizar a fronteira que estava sendo assentada naquele momento. Felizmente, esse amigo assumiu o risco de denunciar minha escuta, mostrando, assim, como existem defesas contra a diferença e as delimitações de fronteiras de modo a que elas permaneçam invisíveis. Digo felizmente, porque geralmente as pessoas não têm coragem (nem paciência) de denunciar a escuta preconceituosa de sua fala e as coisas então permanecem as mesmas. É preciso mesmo coragem (e humildade) para assumir o risco de assentar e de visualizar fronteiras. É uma espécie de combate que travamos cotidianamente entre nós.

Diferença é uma espécie de mote contínuo desse trabalho porque considero que o preconceito se constitui justamente nesse combate/embate que significa lidar com a diferença no assentamento e visualização de fronteiras, onde nossos corpos são as armas. Nos Estados Unidos, é comum ver sinais dizendo:

"No Trespassing. Transgressors will be punished by law."[3]

delimitando propriedades. A diferença é um acontecimento que tem alguma coisa a ver com essa delimitação violenta de propriedades, do que me pertence, do que é só meu, do que, na verdade,

---
3. *Não ultrapasse! Os transgressores serão punidos pela lei.* (Leia-se: estão se arriscando a levar um tiro do proprietário, que muito provavelmente deverá ter uma espingarda para tal fim.)

sou eu. Em outras palavras, como veremos, a diferença toca na questão da identidade.

Este livro é composto de três partes, uma introdução em que tento esclarecer o que considero como sendo o preconceito contra mulher e como ele se produz e se mantém até hoje a partir de relações de poder. Tomando o preconceito como um conceito, considero a fabricação de novos conceitos como tarefa da filosofia, tarefa política e histórica, na medida em que esta fabricação se dá num contexto de desigualdades. Por isso, na segunda parte, seguindo uma orientação genealógica, busco entender criticamente como, na filosofia ocidental, diferentes pensadores têm fabricado o conceito de mulher e diferença, numa tentativa de usar esse entendimento crítico para a construção de conceitos que tornem possível fazer a igualdade verdadeira, ou, nas palavras de Jacques Rancière, "verificar a igualdade". Finalmente, a terceira parte consiste na discussão de como têm sido fabricados novos conceitos de mulher na teoria e na prática feministas, que têm tentado enfrentar o preconceito que mantém mulheres e homens na prisão de estereótipos e identidades impostas. Nesta parte, falarei brevemente de nosso trabalho na Delegacia de Mulheres, especialmente do Grupo de Mulheres que há mais de cinco anos vem se reunindo para conversar sobre a experiência da violência, que considero um dos temas mais urgentes a serem tratados em relação ao preconceito contra a mulher. Os números da violência contra a mulher — estupros, assassinatos, abusos, espancamentos, insultos, ameaças, bem como o desrespeito gritante aos direitos sexuais e reprodutivos, tais como mortes e injúrias provocadas pela prática clandestina do aborto, e a mortalidade materna — continuam a crescer e considero que nessa violência específica contra mulheres é onde desemboca o preconceito contra a mulher. Finalmente, como uma forma de enfrentamento dessas questões, seguindo Francisco Ortega, faço algumas anotações sobre a "amizade como meio de vida", proposta por Foucault em seus últimos escritos. O livro contém ainda um pequeno glossário com palavras-chave sobre o assunto e a sugestão de alguns títulos que considero importantes para a continuação do estudo do assunto no Brasil.

Assim como meu apelo à filosofia foi bastante seletivo, também o foi minha escolha das teorizações feministas com as quais me identifico, que se caracterizam pela necessidade de não se fecharem em si mesmas em torno da discriminação por sexo, mas de se abrirem para a luta contra outras formas de dominação, inclusive a dominação da natureza, tomada como puro recurso para consumo dos humanos, como tem denunciado o movimento ecológico.[4]

Minha orientação em relação aos estudos feministas tem sido basicamente voltada para os caminhos abertos pela produção de algumas feministas nos Estados Unidos, certamente pela experiência de ter estudado e vivido o feminismo no campus de uma universidade na Califórnia, em Santa Cruz, no princípio da década de 1980, me identificando com os trabalhos que criticam a busca de origem e a essência de uma identidade. Essa identificação tem marcado minha prática (que é também teoria) de pesquisa e de ensino e minha luta. Porém, não podemos esquecer que minha prática se dá numa comunidade feminista que se desenvolve em todo o Brasil, em contato permanente com o movimento internacional — é local e global.[5]

---

4. A esse respeito, é de espantar a forma como essa ideia de natureza como mero recurso permanece viva na própria universidade, como mostra o artigo recente de Letícia Malard, professora emérita da UFMG, no *Boletim UFMG* (27/04/2006, p. 2), que argumenta que "uma coisa é certa: a imaginação criadora, qualquer que seja ela, só faz sentido se estiver a serviço do ser humano. Para que ele possa transformar a natureza, dominá-la como seu senhor absoluto". Não é de estranhar que a professora Malard defina "imaginação" como sendo "invenção construtiva e organizada", se opondo à "fantasia", que ela considera como sendo "uma invenção arbitrária". Em nenhum momento a professora Malard deixa transparecer a possibilidade de que suas considerações possam ser — elas mesmas — uma fantasia, no sentido definido por ela.

5. Ver, por exemplo, o *Colóquio Internacional Formação, Pesquisa e Edição Feministas na Universidade: Brasil, França e Quebec*, realizado em 1994 no Rio, cujas apresentações foram publi-

Este livro, de qualquer forma, teria uma cara inteiramente diferente se tivesse sido escrito por qualquer outra de nós, pessoas que estamos preocupadas com a questão do preconceito, pesquisando e lutando contra ele. Por mais óbvio que isso seja, não custa explicitar que o preconceito contra a mulher aqui está sendo tomado dentro de uma determinada perspectiva e que existem outras perspectivas das quais também precisamos em nossa luta e que é preciso deixar espaço para elas. É preciso explicitar também que a força de nossa produção feminista está no fato de que não estamos estudando e escrevendo simplesmente para publicar qualquer coisa, de modo a satisfazer a exigência da universidade, cada vez mais submetida ao sistema do "publique ou pereça" das universidades americanas, que considero trágico, especialmente aqui no Brasil. Publicar é importante sim, pois é uma forma de conversa com um número grande de pessoas que poderão contribuir na luta, mas não pode ser uma publicação massificada, compulsória, segundo critérios estabelecidos de fora, sufocando a singularidade de quem escreve, ou seja, tornando-a inteiramente ineficaz e mesmo inútil. Publicar por publicar? Considero que isso seria fatal para os feminismos.

Certamente, apesar de toda singularização que tentei processar ao longo da escrita, o que me torna responsável por ela, gostaria de agradecer a muita gente. São pessoas que contribuíram, de uma forma ou de outra, para que este trabalho fosse possível. Em primeiro lugar, a minha querida equipe de pesquisa, especialmente Alane Michelini Moura, Alessandra Nogueira Araújo, Alex Neris, Ataualpa Maciel Sampaio, Camila de Sousa Menezes, Carla Regina Nascimento, Cíntia Maria Teixeira, Clarissa Valadares Cunha, Dorotea Santana Andrade, Gean Paula Melo Rocha, Júnia Penido Monteiro, Marina Lima Azevedo, Marina Santos, Patrícia Monteiro e Silva, Paulo Mariano Campos e Simone Francisca de

---

cadas no número especial da Revista *Estudos Feministas* (2º semestre, 1994). Ver também o *8º Encontro Internacional Mulher e Saúde*, da Rede Nacional Feminista de Saúde, realizado no Rio em março de 1997.

Oliveira, pelas discussões sempre calorosas, e também pelo apoio, no período difícil que tive que me ausentar recentemente, assumindo a supervisão do estágio, as discussões do seminário, e a coordenação e supervisão do grupo de mulheres, que, por isso, se manteve vivo e cada dia mais forte, e também pelo carinho e cuidado comigo (apesar de meus protestos de autonomia...); às estagiárias e aos estagiários da Delegacia de Mulheres, especialmente Miriam Cássia Mendonça, que, em 1997, teve a ideia de propor o estágio e me convidar para ser supervisora, escrevendo junto comigo o projeto que apresentamos à UFMG e à Delegacia; a todas as mulheres do Grupo de Mulheres e a todas as mulheres que atendemos no Setor de Psicologia da Delegacia; às inúmeras pessoas que participaram do Seminário de Relações de Gênero do Mestrado, carinhosamente batizado de "grupo de estudos"; às alunas e alunos de Psicologia Social II, da graduação, especialmente aquelas e aqueles que se encantaram com a descoberta das teorizações feministas e também aqueles e aquelas que se assustaram com ela, especialmente também aos queridos e queridas estudantes, que me mandaram uma belíssima orquídea lilás levada pelo Renan Lemos, às 10 horas da noite, no meu segundo dia de internação depois da cirurgia; à minha irmã e amiga, Tê Azerêdo Rios, que me ajudou no meu processo de escrita desde que éramos meninas, acreditando o tempo todo que eu iria conseguir, e também que me deu *O segundo sexo* já na década de 1970, e continua a me dar os livros mais importantes; à Sílvia Azerêdo Boschi, minha filha e amiga, que sempre lê criticamente o que escrevo e me ajuda também com o inglês; à Miriam Langenbach, minha amiga e irmã, que me introduziu no movimento ecológico, mostrando o valor da comida orgânica não apenas para mim, mas para a própria terra, como uma forma de resistência ao capitalismo, juntamente com a redução do consumo, o reaproveitamento e a reciclagem dos materiais; ao meu querido Grupo Ceres — Branca Moreira Alves, Jacqueline Pitanguy, Leila Barsted e Mariska Ribeiro — amigas e irmãs *feministas*, o que faz toda a diferença; à Donna Haraway e James Clifford, com quem tive meu primeiro seminário no Programa História da Consciência, em Santa Cruz, e com quem construí uma preciosa relação de amizade; à Nancy Chodorow, que me deu segurança para teorizar criticamente sobre seu trabalho; à querida amiga Gloria Watkins, que escreveu tantos livros com o pseudônimo de *bell hooks* sobre a experiência de ser negra nos Estados Unidos e que veio assistir à minha primeira palestra sobre feminismo no Brasil, me dando a alegria de incluir meu trabalho no das *women of colour* nos Estados Unidos; à Yara Simão, que sempre me deu espaço para desfrutar das coisas boas que uma análise pode oferecer; à Maria do Carmo da Fonseca e Eduardo Rios Neto, que me abriram as portas do Cedeplar-UFMG para eu falar sobre as teorizações feministas; à Mariza Correa, que me introduziu no feminismo nos Estados Unidos, já em 1971, e abriu espaço na UNICAMP e nos *Cadernos Pagu* para meus trabalhos; à Cláudia de Lima Costa, amiga em quem sinto confiança no meu trabalho, também apoiando minhas publicações; à Carmen Barroso e Albertina Costa, com quem trabalhei durante dois anos na Fundação Carlos Chagas, desde o começo uma casa importante do feminismo; à Magdalena León, que me convidou para o *Fórum das Américas pela Diversidade e Pluralidade*, em Quito, preparatório da III Conferência Mundial contra o Racismo; à Adriano Nuernberg e Mara Lago, amigos queridos que me convidaram para participar de seu grupo de trabalho Gênero e Psicologia, na *ANPPEP*; às amigas Yara Frizzera, Sonia Misságia e Marília da Mata Machado, também pela confiança em meu trabalho; a Valdemar Sguissardi, que me fez o convite em nome da Cortez Editora e teve paciência e compreensão; ao CNPq, pela bolsa de produtividade em pesquisa desde 2003.

Introdução

A produção e manutenção do preconceito contra a mulher

> Todo o falso dilema da igualdade *versus* a diferença cai, desde o momento em que já não temos uma entidade homogênea "mulher" confrontada com outra entidade homogênea "homem", mas uma multiplicidade de relações sociais nas quais a diferença sexual está construída sempre de diversos modos, e onde a luta contra a subordinação tem que ser estabelecida de formas específicas e diferenciais. A pergunta sobre se as mulheres têm que se tornar idênticas aos homens para serem reconhecidas como iguais, ou se têm que afirmar sua diferença a custo da igualdade, aparece como pergunta sem sentido uma vez que as identidades essenciais estão sendo questionadas.
>
> *Chantal Mouffe*

Preconceito contra a mulher? À primeira vista, pareceria absurdo falar em preconceito contra a mulher, já que as mulheres estão em toda parte, geralmente vivem conosco em nossa casa e cuidam de nós. Na verdade, é dentro do corpo de uma mulher que iniciamos nossa vida, é nela que somos gerados[6] e é geralmente com ela que temos nossa primeira relação de profunda intimidade. Bem, mas essas são mulheres concretas, diferentes umas das outras, mulheres no plural, a quem geralmente amamos e respeitamos. Haveria então um preconceito contra a mulher, no singular? Parece não haver dúvida quanto a isso se pensarmos nas várias imagens de mulher em nossa cultura[7]: a mulher feia — nas praias brasileiras se vendem camisetas para homens, onde se vê escrito na frente "Salva Gatas" e nas costas "As feias afoga (sic)" —, a mulher bonita/gata, que numa propaganda da cerveja *Skol* é reproduzida em massa e enviada de presente aos homens, como uma mercadoria qualquer. E Vinicius de Moraes começa seu poema "Receita de Mulher" pedindo desculpas às "muito feias", pois considera que beleza seja fundamental em sua "receita".

Parece realmente haver um receituário que define a mulher "de verdade" como sendo bonita, de acordo com regras bem específicas, que devem ser estritamente cumpridas. A mulher de capa da revista *Playboy* pode ser considerada um bom exemplo desse receituário.[8] Cumprir tais regras, no entanto, implica um alto

---

6. Em relação ao uso do plural masculino ("gerados"), estarei, ao longo do meu texto, a não ser em alguns casos especiais, usando essa forma — considerada correta pela gramática portuguesa — para me referir simultaneamente a mulheres e homens, já que não temos ainda nas línguas latinas uma forma neutra (como o *"they"* inglês) para nos referirmos simultaneamente ao masculino e feminino. Considero, no entanto, que isso faça parte do nosso preconceito contra a mulher. Em compensação, posso abdicar do uso do masculino "homem" para se referir à humanidade, já que "ser humano" e "humanos" constituem usos perfeitamente legítimos, embora ainda muito pouco utilizados, especialmente aqui no Brasil.

7. Estou usando cultura aqui no sentido que lhe dá Clifford Geertz (1973, p. 5), de teias de significados tecidas pelos seres humanos, nas quais eles próprios se mantêm suspensos.

8. Recentemente, na seção de cartas dos leitores da revista, um homem reclamou que a mulher de capa do número anterior tinha seios pequenos, embora estivesse muito bem nas fotos em que aparecia por trás. Ele sugeriu fortemente — quase exigiu — que ela se submetesse a uma cirurgia para injetar silicone nas mamas. O homem parecia se sentir muito à vontade ao assinar esta carta com esse tipo de sugestão desaforada, da mesma forma que as pessoas geralmente não se sentem constrangidas diante dos dizeres de uma camiseta que

consumo para cuidar da aparência, do "físico" — frequentar academias de ginástica (ou ter um *personal trainer*) — ou fazer operação plástica, lipoaspiração etc. para ter a pele sem rugas, determinadas medidas do corpo, ter dentes perfeitos, cabelos sedosos e bem pintados, e estar em dia com a moda, de preferência usando as grifes famosas do primeiro mundo. Sabemos que, especialmente no Brasil, a grande maioria das mulheres não tem acesso sequer ao mínimo necessário para gozarem de boa saúde, quanto mais a esse tipo de consumo. Então essas mulheres não são mulheres "de verdade"? E a Amélia, da música de Ataulfo Alves e Mário Lago?[9] Não era ela "a mulher de verdade" porque não tinha "a menor vaidade"? E porque passava fome ao lado de seu homem, dando-lhe apoio (chegando mesmo a achar bonito não ter o que comer)? Há, então, dois tipos de "mulher de verdade" no Brasil: a "Amélia", esposa tão abnegada, que gosta até de passar fome, que vive para o marido e o lar, em oposição à *outra*, para quem é feita a música, que é consumista: "você só pensa em luxo e riqueza, tudo que você vê você quer".

A figura da Amélia introduz a necessidade de se considerar a categoria classe social para pensarmos o preconceito contra a mulher, e, por sua vez, a figura da mulata e da mulher negra, como mostram os estudos de Sonia Giacomini (1992, 1994), sobre a mulata profissional, e de Mariza Correa (1996), sobre a invenção da mulata, que introduzem a categoria raça para se pensar esse tipo de preconceito. Assim como o poema e a música buscam a verdade sobre a mulher, esses estudos mostram também a questão da busca do que é a mulata de verdade, tentando aproximá-la da mulher

---

sugerem que se deixe as "mulheres feias" afogarem ou diante de uma propaganda que mostra uma mulher sendo reproduzida em massa e enviada aos homens.

9. O título da música é "Ai que saudades da Amélia". A respeito das inúmeras músicas brasileiras que, como esta, tratam da situação da mulher, ver a importante compilação e análise de Mariska Ribeiro (1997), que se apoia em sua produção do show "Amélia já era?", realizado em 1976 no Teatro João Caetano, no Rio de Janeiro.

bonita/gata[10] e diferenciá-la da empregada doméstica, da prostituta ou da mulher negra, e valorizá-la como uma figura de integração entre as raças e como um dos elementos que melhor representam a miscigenação da cultura brasileira, juntamente com o samba, o futebol e a feijoada.

Porém, deixemos de lado, por enquanto, a questão da verdade, pois, como veremos, a própria expressão "de verdade" expressa uma forma de preconceito, que tenta enquadrar mulheres e homens em estereótipos[11] e remete à complexa questão da identidade e diferença, que serão tratadas mais adiante. O que importa agora aqui é entender que essas mulheres — a mulher de capa da *Playboy*, a mulher feia, a Amélia da música e a mulata profissional — são percebidas "fundamentalmente como corpo", num mundo em que o discurso é masculino, como se expressa Marilena Chaui, que entende

> por discurso masculino sobre o corpo feminino um discurso que não é simplesmente produzido e proferido por *homens* e ao qual seria necessário contrapor um discurso proferido por *mulheres*, visto que este último poderia (como tem ocorrido) ser apenas uma versão dos mesmos discursos anteriores sob ótica feminina. Ao considerá-los discursos masculinos, o que queremos simplesmente notar é que se trata de um discurso que não só fala de "fora" sobre as mulheres, mas, sobretudo, que se trata de uma *fala* cuja condição de possibilidade é o *silêncio* das mulheres (Chaui, 1985, p. 43).[12]

---

10. Ainda assim, é muito raro que uma mulata, mesmo uma mulata profissional, seja capa da *Playboy*.

11. O homem "de verdade", por exemplo, não chora, não brinca com boneca, gosta de futebol, é heterossexual.

12. Elizabeth Grosz, utilizando um discurso mais assertivo, expressa uma posição semelhante à de Chaui:
O pensamento misógino frequentemente encontrou uma autojustificativa conveniente para a posição social secundária das mulheres ao contê-las no interior de corpos que são representados, até construídos, como frágeis, imperfeitos, desregrados, não confiáveis, sujeitos a várias intrusões que estão fora do controle consciente. A sexualidade feminina e os

Essas imagens de mulher, aparentemente isoladas umas das outras, convergem para uma dicotomia fundamental — no sentido mesmo de fundante — da sociedade capitalista falocêntrica[13], baseada na instituição da heterossexualidade (heterossexualidade compulsória) e na competição: a dicotomia entre a santa/virgem e a puta. Ambas tomam como referência o homem — pai, provedor, viril, que não se satisfaz sexualmente apenas com sua esposa e não controla o próprio desejo sexual, não admitindo que ela faça o mesmo, inclusive porque a esposa ocupa o lugar de santa/virgem na dicotomia estabelecida com a puta, e muitas vezes tanto ele quanto ela consideram que sua relação sexual não admite determinados comportamentos que são comuns na relação com a prostituta[14]. Daí porque não importa que a esposa seja feia, ou, pelo menos, que não seja uma gata, pois existem as outras, inclusive a própria mulher da *Playboy*, mesmo que ela seja apenas um modelo padrão, uma foto numa revista. Daí porque os homens escrevem para a revista fazendo sugestões e exigências sobre como deve ser o corpo dessas mulheres. E brigam com suas mulheres quando elas se pintam, como na música *Marina*, de Dorival Caymmi, cujo rosto pertence a um homem (e corre o risco de seduzir outros homens com a pintura). Numa propaganda recente da *Boticário*, o marido coloca os dois filhos como guarda-costas de sua mulher, que se transformou numa gata com os presentes que ganhou no Dia das Mães. Vemos a mulher/gata desfilando impassível pelas ruas como uma modelo, escoltada pelos filhos, que agridem os homens que

---

poderes de reprodução das mulheres são as características (culturais) definidoras das mulheres e, ao mesmo tempo, essas mesmas funções tornam a mulher vulnerável, necessitando de proteção ou de tratamento especial, conforme foi variadamente prescrito pelo patriarcado. A oposição macho/fêmea tem sido intimamente aliada à oposição mente/corpo (Grosz, 2000, p. 67).

13. O falo significa a "representação do pênis, adorado pelos antigos como símbolo da fecundidade da natureza" (*Dicionário Novo Aurélio — século XXI*).

14. Em nossa pesquisa com prostitutas pobres em Belo Horizonte, ouvimos que o sexo com seus maridos tem uma série de restrições, que, certamente, não existem no sexo com seus clientes.

olham para ela, e mantêm contato permanente com o pai através de um celular, informando-o sobre a situação.

Assim, a dicotomia mulher santa/puta representa os dois lados de uma moeda que define as mulheres sempre em função do homem e estimula a competição entre elas. Chaui considera que

> a presença-ausente do elemento masculino determina o jogo dos conflitos fundamentais que tendem rumo à violência — desde a competição mãe-filha, sogra-nora, esposa-"a outra" pelo mesmo amor, até a disputa de competência entre patroa e empregada na administração do espaço doméstico. O curioso, porém, é que o homem pareça ser o *objeto* dos conflitos e das violências quando é efetivamente o *sujeito* delas, graças à sua invisibilidade — exceção feita, é claro, à relação esposa-a "outra" —, pois são raros os conflitos e violências nos quais as expectativas e ideias masculinas sejam invocadas. Tendo a "subjetivação" das mulheres sido feita pelo ideário masculino (isto é, com o silêncio das mulheres), o "ser" mulher carrega consigo desejos, fantasias, fantasmas, ficções e mando masculinos, de sorte que, empiricamente, os homens podem permanecer ausentes nas várias relações entre as mulheres, pois permanecem presentes de modo imaginário e simbólico (Chaui, 1985, p. 52).

O tripé mãe/dona de casa, pai/provedor e a outra/puta talvez represente o protótipo no qual se assenta o preconceito contra a mulher. É claro que hoje ele está sendo profundamente abalado com a saída das mulheres para o mercado de trabalho, transformando a mãe/dona de casa, que antes era proibida de trabalhar, em provedora, o que lhe dá maior autonomia, mesmo com todos os conflitos relacionados ao trabalho doméstico, que continua a ser de sua responsabilidade exclusiva, já que a maioria dos homens se recusa a partilhar esse trabalho.[15] O que é mais problemático, no

---

15. A resposta do marido de uma conhecida minha ao seu pedido que ele preparasse a merenda das crianças, quando ela teve que se ausentar de casa por uns dias, é característica dessa recusa dos homens: "Eu não nasci pra isso".

entanto, é que, na imaginação de muitos homens, a saída de sua mulher para o trabalho — que já não pode ser proibida porque contribui de fato para o orçamento da casa, muitas vezes sendo a única fonte de renda da família — traz como consequência a busca de um sexo mais prazeroso, e a grande maioria das mulheres que buscam a delegacia de mulheres nos relata o enorme ciúme de seus companheiros, que as chamam de putas, mesmo quando elas não têm nenhuma relação fora de casa.[16] Observamos que grande parte das mulheres atendidas no Setor de Psicologia da Delegacia de Mulheres de Belo Horizonte considera que o pior tipo de violência é justamente serem chamadas de puta por seus companheiros, o que indica sua identificação com a dicotomia que produz o preconceito contra elas próprias, na medida em que não conseguem criticar essa dicotomia e aceitam como algo natural. Um dos aspectos mais cruéis do preconceito é justamente essa naturalização e identificação com as ideias que o produzem e perpetuam por parte das próprias pessoas que o sofrem. Félix Guattari mostra que "o que faz a força da subjetividade capitalística é que ela se produz tanto no nível dos opressores, quanto dos oprimidos" (Guattari e Rolnik, 1993, p. 44).

Judith Butler trata especificamente da questão do insulto — que ela considera como parte de uma "fala de ódio" (*hate speech*) — em seu livro *Excitable speech*[17], argumentando que ao falar de um insulto que foi feito contra nós, estamos considerando que a linguagem pode agir contra nós e, ao mesmo tempo, estamos usando a linguagem para denunciar esse insulto e tentar fazer com que ele tenha um fim. Sem querer minimizar a dor provocada pelo insulto,

---

16. Ver, a esse respeito, a recente reportagem de capa de *Veja*, "O fim do silêncio" (15 de março de 2006, p. 76-82), um ótimo trabalho de Lucila Soares sobre a violência contra mulheres, que argumenta que, apesar de a violência contra a mulher ser considerada "natural", isso não a torna justificável e deve ser punida como um crime.

17. *Excitable speech (fala excitável)*, segundo Butler, se refere àquelas falas, usualmente confissões, obtidas sob coerção.

a autora se pergunta por que essa dor é tão forte e o que se pode fazer contra ela. E encontra uma primeira resposta na teoria que coloca o sujeito como sendo produzido pela linguagem, seja através da interpelação de outro — "Ei, você aí, sua puta!" — seja através da produção discursiva que desvaloriza as prostitutas e que é mais difusa e não necessária e especificamente dirigida em forma de fala para a pessoa. Para Butler, essa constituição do sujeito através da linguagem numa estrutura social que dicotomiza a mulher é que dá força à interpelação e ao discurso e produz a dor. Butler considera que há uma terceira possibilidade de se constituir o sujeito, que diz respeito ao *performativo*. Procuremos entender o que ela quer dizer com isso:

> Quando dizemos que o insulto doeu como se fosse um tapa, estamos implicando que nossos corpos foram feridos por tal fala. E realmente foram, mas não da mesma maneira que ocorre com uma lesão puramente física. Da mesma forma que uma lesão física implica o psíquico, uma lesão psíquica afeta a *doxa* corporal, este conjunto de crenças vividas e corporalmente registradas que constitui a realidade social. O poder "construtivo" do performativo tácito é precisamente sua habilidade de estabelecer um sentido prático para o corpo, não apenas um sentido do que o corpo é, mas como ele pode ou não pode negociar espaço, sua "localização" em termos das coordenadas culturais prevalentes. O performativo não é um ato singular usado por um sujeito já estabelecido, mas uma das maneiras poderosas e insidiosas em que os sujeitos são proclamados como seres sociais por cantões sociais difusos, inaugurados na sociabilidade através de uma variedade de interpelações difusas e poderosas. Neste sentido, o performativo social é uma parte crucial não apenas da *formação* do sujeito, mas também de contínua contestação política e reformulação do sujeito (Butler, 1997b, p. 159-160).

Além disso, podemos ver o poder da linguagem de agir contra nós e nosso uso da linguagem para denunciar esse abuso como fazendo parte do que Haraway chama de "ator material-semiótico", esse termo "pesado" que ela usa para enfatizar o objeto de conhecimento como um eixo ativo, gerador de significado, do aparato da produção corporal, sem nunca implicar a presença imediata de tais objetos ou, o que dá na mesma, sua determinação final ou única do que pode contar como conhecimento objetivo numa conjuntura histórica específica. Como os objetos (...) chamados "poemas", que são lugares da produção literária onde a linguagem é também um ator independente de intenções e autores, os corpos como objetos de conhecimento são nódulos gerativos material-semióticos. Suas fronteiras se materializam na interação social (Haraway, 1995, p. 40).

O tema da violência doméstica foi responsável pela criação das Delegacias de Mulheres em todo o Brasil e será tratado mais adiante. Essa violência está relacionada à divisão entre o espaço público e o espaço privado (doméstico), sendo o primeiro tradicionalmente ocupado pelos homens e o segundo, pelas mulheres. No *Dicionário Novo Aurélio — século XXI* só existe a definição de "homem público" no verbete "homem" ("indivíduo que se consagra à vida pública, ou que a ela está ligado"). Não existe "mulher pública". Isso é um bom sinal, pois até o século passado "mulher pública" era definida apenas como prostituta nos dicionários brasileiros. Embora não exista agora uma definição diferente de mulher pública, o que pode indicar que a vida pública continua sendo dos homens, foi uma boa surpresa não encontrar a definição tradicional de "mulher pública", se restringindo às prostitutas, implicando, ao mesmo tempo, uma desvalorização destas e das outras mulheres que se dedicam à vida pública. Isso pode ser uma indicação de que, de certa forma, o dicionário está se adiantando ao sentido que muita gente (sobretudo os maridos das mulheres que procuram a Delegacia) continua dando à divisão tradicional do público/privado. Por outro lado, o fato de "mulher pública" não estar no dicionário indica também uma mudança no sentido que está sendo dado a essa divisão.

Essa definição de palavras no dicionário e fora dele nos remete novamente à questão da linguagem e da ordem que ela estabelece nas coisas. Aprendemos a perceber a linguagem e nosso corpo como sendo processos "naturais", como algo essencial e necessário, com leis e normas bem precisas, que existem independentes de nós. Nesta perspectiva, não há como escapar da materialidade de nosso corpo nem da realidade da língua. Porém, essa materialidade não é dada de antemão, mas é construída, reiterada performaticamente. É assim que se produz o preconceito — através da linguagem, em nossos corpos, num processo de reiteração em que somos agentes, mas no qual não reconhecemos nossa agência, já que faz parte desse processo apagar os traços de nossa participação de modo que as palavras e as coisas apareçam como dadas, naturais, mantendo uma relação direta, imediata entre elas, independentes de nós. O processo de produção do preconceito é muito complexo e começa muito cedo em nossas vidas. Nascemos em um mundo povoado com discursos e palavras, palavras que têm um significado em contextos específicos, isto é, palavras que já têm um sentido para as outras pessoas que nasceram antes de nós. A palavra começa a fazer sentido para mim quando eu me aproprio dela, lhe dou minha intenção, falo com meu próprio sotaque, como escreve Mikhail Bakhtin:

> Como uma coisa viva, socioideológica, concreta, como opinião heteroglota, a língua, para a consciência individual, fica na fronteira entre o próprio eu (*oneself*) e o outro. A palavra na língua é metade de outra pessoa. Ela se torna do "próprio eu" apenas quando o falante a povoa com sua própria intenção, seu próprio sotaque, quando ele se apropria da palavra, adaptando-a à sua própria intenção semântica e expressiva. Antes deste momento de apropriação, a palavra não existe numa língua neutra e impessoal (afinal de contas, não é no dicionário que o falante pega suas palavras!) mas, antes, ela existe nas bocas de outras pessoas, nos contextos de outras pessoas, servindo as intenções de outras pessoas: é daí que o eu deve buscar a palavra, e fazê-la sua própria (Bakhtin, 1983, p. 293-4).

Essa apropriação, no entanto, "é um processo difícil e complicado" que envolve sujeição ao sentido que as palavras têm para as outras pessoas — "a alteridade constituída pelos significados preexistentes (inerentes aos dicionários e às ideologias) e a alteridade das intenções presentes na outra pessoa no diálogo" — como escreve Michael Holquist na sua "Introdução" à *Imaginação dialógica*, de Bakhtin. Então tomar a palavra é um movimento que pode ser visto como tendo uma dimensão de sujeição e uma dimensão de agência — agência, porque sou eu mesma que incorporo o significado, e sujeição, porque o significado é também incorporado por outras pessoas e, portanto, me escapa.

É nesse processo — sempre associado à linguagem e que envolve sujeição — que nos tornamos sujeitos. Como escreve Butler,

> a sujeição consiste precisamente nessa dependência fundamental a um discurso que nunca escolhemos mas que, paradoxalmente, inicia e sustenta nossa agência.
>
> "Sujeição" significa o processo de se tornar subordinado pelo poder, bem como o processo de se tornar sujeito (Butler, 1997a, p. 2).

Ou seja, é preciso sempre ser lembrada por Manoel de Barros (1996, p. 71), especialmente quando digo que "sou eu mesma" que incorporo o significado, que

> Do lugar onde estou já fui embora.

Para Vigotski, o significado constitui a unidade do pensamento verbal: "é no significado da palavra que o pensamento e a fala se unem em pensamento verbal" (Vigotski, 1999, p. 5). Ele diferencia sentido de significado:

> o sentido de uma palavra é a soma de todos os eventos psicológicos que a palavra desperta em nossa consciência. É um todo complexo, fluido e dinâmico, que tem várias zonas de estabilidade desigual. O significado é apenas uma das zonas de sentido, a mais estável e precisa. Uma palavra adquire o seu sentido no contexto em que surge; em contextos diferentes altera o seu sentido. O significado permanece estável ao longo de todas as alterações de sentido. (...)

Esse enriquecimento das palavras que o sentido lhes confere a partir do contexto é a lei fundamental da dinâmica do significado das palavras (Vigotski, 1999, p. 181).

Essa diferenciação que faz Vigotski entre sentido e significado e as considerações de Bakhtin sobre o processo de apropriação da palavra no contexto, bem como a visão de Butler sobre a sujeição que nos torna sujeitos, subordinados ao poder, podem também servir de ferramentas para entendermos como é produzido e como se mantém o preconceito contra a mulher e também como podemos lutar contra ele. Podemos dizer que o significado de mulher tem se mantido estável através dos tempos, continuando a pertencer — pelo menos metade — ao mundo dos homens, incorporando os valores do "modelo fálico", que, segundo Luce Irigaray, são "propriedade, produção, ordem, forma, unidade, visibilidade... ereção" (Irigaray, 1977, p. 85), sem que as mulheres o povoem com sua própria intenção, seu próprio sotaque. Porém, o sentido do que é (ser) mulher pode mudar, dependendo do contexto.

Essa mudança do sentido da palavra mulher tem se dado de forma lenta e se dá sempre por meio de relações de poder, da desigualdade dos poderes, de suas lutas. Ou seja, como diz Foucault[18], a definição de uma palavra nunca implica pensar a questão do significado, sentido e significante como sendo processos neutros, imparciais, objetivos, mas sempre se dando através de lutas. A conversa de Alice com Humpty Dumpty me parece exemplar para descrever esse processo:

— ... Eis a glória para você.
— Não sei bem o que o senhor entende por "glória" — disse Alice. Humpty Dumpty sorriu com desdém. — Claro que você não sabe, até eu lhe dizer. O que quero dizer é: "eis aí um argumento arrasador para você".

---

18. Em sua famosa conversa com Gilles Deleuze, sobre "os intelectuais e o poder", originalmente publicada em *L'Arc*, em 1972.

— Mas "glória" não significa "um argumento arrasador", objetou Alice.

— Quando uso uma palavra — disse Humpty Dumpty em tom escarninho — ela significa exatamente aquilo que eu quero que ela signifique... nem mais nem menos.

— A questão — ponderou Alice — é saber se o senhor *pode* fazer as palavras dizerem coisas diferentes.

— A questão — replicou Humpty Dumpty — é saber quem é que manda. É só isso (Lewis Carroll, 1980, p. 196).

Considero também que a poesia seja parte do processo de mudança do sentido de mulher, se a definirmos como a busca de uma linguagem que possibilite às mulheres falarem numa cultura em que ser mulher é falar a língua do outro, isto é, ficar em silêncio. Muitas mulheres têm buscado escrever nessa nova linguagem, a começar por Virginia Woolf, que, em seu livro sobre mulheres e ficção, publicado em 1928, argumenta que a mulher tem que ter dinheiro e "um quarto só seu" para que possa ser escritora. Em outras palavras, a mulher precisa de autonomia para escrever.[19] Na época de Woolf, as mulheres não tinham autonomia nem para frequentar bibliotecas. Nesse livro, ela inventa a história de Judith, uma irmã "extraordinariamente talentosa" de Shakespeare, que queria escrever poesia, mas foi impedida por não lhe ter sido permitido sequer frequentar a escola. Seu destino era se casar e, mesmo quando fugiu de casa, aos 17 anos, para tentar trabalhar no teatro, como seu irmão, não conseguiu as chances que deram a ele pelo simples fato de ela ser mulher. Ela não conseguiria nenhum

---

19. É importante lembrar aqui o livro de Carolina Maria de Jesus, *O quarto de despejo*, publicado em 1960, cujo título se refere ao seu quarto de empregada, onde ela escrevia sua poesia e suas observações sobre o mundo. Também Carolina, que, certamente não tinha muito dinheiro, mas tinha alguma autonomia com seu trabalho de empregada doméstica, precisava de um quarto para escrever, ainda que não fosse "só seu", já que no Brasil, especialmente naquela época, o quarto das empregadas é o quarto de despejo, que é mais do despejo que delas.

treinamento — os homens lhe diziam — nem poderia comer numa taverna ou perambular pelas ruas à meia-noite, como fazia seu irmão. Judith acabou engravidando de um gerente do teatro e se matando — "quem pode medir o calor e violência do coração de poeta quando capturado e emaranhado no corpo de uma mulher?" (Woolf, 1965, p. 50) — e foi enterrada em alguma encruzilhada. Nesse sentido, Woolf dá toda razão a um homem de sua época — um bispo, talvez — que afirmou ser impossível para qualquer mulher ter o gênio de Shakespeare: "o bispo estava certo... seria impossível, completa e inteiramente impossível, para qualquer mulher ter escrito as peças de Shakespeare na época de Shakespeare" (idem, p. 48).

Ao longo dos tempos, muito já foi dito e escrito sobre tudo isso, mas eram produções quase exclusivamente de homens, como mostra Woolf, se referindo às mulheres como "o animal sobre o qual mais se discute no universo" (Woolf, 1965, p. 28), a partir de sua pesquisa na biblioteca do Museu Britânico, onde ela diz — utilizando-se da melhor ironia — ter ido em busca da verdade:

> Por que os homens bebem vinho e as mulheres água? Por que um sexo é tão próspero e o outro tão pobre? Qual o efeito da pobreza na ficção? Quais são as condições necessárias para a criação de trabalhos de arte? — mil perguntas apareceram ao mesmo tempo. Mas precisamos de respostas, não de perguntas; e uma resposta só poderia ser obtida através da consulta aos estudiosos e não preconceituosos, que se colocaram acima dos conflitos da língua e da confusão do corpo e publicaram os resultados de seu raciocínio e suas pesquisas nos livros que se acham no Museu Britânico (Woolf, 1965, p. 27).

Além disso, em sua pesquisa, Woolf descobriu que as mulheres não escreviam sobre os homens. E, como mostra Simone de Beauvoir, em seu livro sobre "o segundo sexo", publicado em 1949, "um homem não teria a ideia de escrever um livro sobre a situação singular que ocupam os machos na humanidade" (Beauvoir, 1970, p. 9), o que, para ela, já sugere uma resposta à pergunta "que é uma mulher?".

Essa situação mudou muito com o ressurgimento do feminismo na década de 60 nos Estados Unidos e na Europa. E agora são as mulheres que mais escrevem sobre esse tema. Inclusive a pergunta "que é uma mulher?" se tornou muito problemática a partir dessa escrita das mulheres. Muitas pesquisas têm sido feitas, muitos dados acumulados sobre os problemas das mulheres, e também dos homens e crianças com quem elas convivem, devido ao preconceito contra a mulher. Hoje em dia alguns homens também estão escrevendo sobre sua situação de machos na humanidade.

O que mais escrever? O que dizer sobre esse tema no início do século XXI? Já em 1949, Beauvoir introduziu seu trabalho dizendo de sua hesitação em escrever um livro sobre mulher. Segundo ela,

> [o] tema é irritante, principalmente para as mulheres. E não é novo. A querela do feminismo deu muito que falar: agora está mais ou menos encerrada. Não toquemos mais nisso... No entanto ainda se fala dela. E não parece que as volumosas tolices que se disseram neste último século tenham realmente esclarecido a questão. Demais, haverá realmente um problema? Em que consiste? Em verdade, haverá mulher? (1970, p. 7).

A hesitação de Beauvoir é, na verdade, retórica, pois ela acaba escrevendo dois grossos volumes sobre o tema, o primeiro, de 309 páginas, sobre "fatos e mitos" (1970), e o segundo, de 500 páginas, sobre "a experiência vivida" (1975).

Diferentemente de Beauvoir, quero colocar meu entusiasmo em escrever sobre essa questão. Meu entusiasmo de certa forma se espelha na hesitação de Beauvoir porque considero que, apesar das diversas mudanças que vêm acontecendo na situação das mulheres desde o tempo da autora, alguma coisa permanece inalterada, de certa forma intocada, como o granito de que nos fala Nietzsche quando trata da questão da possibilidade de se aprender algo diferente do que já se sabe sobre a diferença — sobre o homem e a mulher. Por outro lado, quanto mais me adentro na busca de entendimento do preconceito, mais sinto que será preciso tratar essa questão da diferença, de que fala Nietzsche, de um modo novo, usando uma linguagem nova, que possa falar do corpo e do poético-literário — da arte, enfim, buscando entender quais os lugares das mulheres nessa linguagem, quais são os acontecimentos que marcam sua submissão ao preconceito e quais são os que marcam sua busca de saída para outros mundos. Em outras palavras, como a diferença acontece para as mulheres, ou ainda, como as mulheres fazem a diferença acontecer, assumindo o risco de assentar e visualizar fronteiras.

A diferença das mulheres pela qual estou interessada aqui não significa uma essência de mulher que tem sido mantida enterrada pelo discurso masculino e que precisa ser desenterrada, surgindo gloriosa e intacta a partir da invenção de uma linguagem nova. Tampouco a afirmação da diferença das mulheres se opõe à questão da igualdade. Concordo com Chantal Mouffe quando ela diz na epígrafe que o "dilema da igualdade *versus* a diferença" é falso, na medida em que não temos mais "uma entidade homogênea 'mulher', confrontada com outra entidade homogênea 'homem', mas uma multiplicidade de relações sociais nas quais a diferença sexual está construída de diversos modos" (Mouffe, 1999, p. 34). Neste sentido, a questão sobre se a mulher tem que ser idêntica ao homem para ser reconhecida como igual ou se tem que afirmar sua diferença, permanecendo desigual não é uma questão bem formulada, na medida em que se apoia na ideia de essência, de uma identidade única, unitária, como a ideia do falo. Considero que a afirmação da diferença é um dos únicos caminhos para a igualdade, à medida que essa afirmação implica a criação de uma terceira via para nossa constituição como sujeitos — o performativo, como sugere Butler, que leva em conta a enorme multiplicidade do que significa ser mulher, nossa singularidade. Mas ao mesmo tempo, essa multiplicidade abre possibilidades de identificações, ou melhor, de afinidades, como Haraway propõe em seu "manifesto ciborgue", em que ela argumenta que

> [s]er o Um é ser autônomo, ser poderoso, ser Deus; mas ser o Um é ser uma ilusão e, assim, estar envolvido numa dialética de apocalipse com o outro. Por outro lado, ser o outro é ser múltiplo, sem fronteira clara, borrado, insubstancial. Um é muito pouco, mas dois é demasiado (Haraway, 2000, p. 99-100).

Irigaray também fala da multiplicidade da mulher, de seu corpo sem fronteiras fixas, em seu livro *Ce sexe qui n'en est pas un* (Este sexo que não é um), cujo título já critica a ideia de unidade:

> Múltipla. Sem causas, sentidos, qualidades simples. E, no entanto, sem que se possa decompor. Estes movimentos que o percurso de um ponto de origem a um fim não descreve. Estes rios, sem mar único e definitivo. Estes riachos, sem rios persistentes. Este corpo sem fronteiras fixadas. Esta mobilidade, sem cessar. Esta vida. O que se chamará talvez de nossas agitações, nossas loucuras, nossas armadilhas ou nossas mentiras. Tanto tudo isso permanece estranho para quem pretende se fundar no sólido (Irigaray, 1977, p. 214).

Com o mito do ciborgue, Haraway busca quebrar três fronteiras que têm mantido os dualismos na civilização ocidental, inclusive as dicotomias que nos mantêm presas a uma única identidade de mulher: as fronteiras entre o humano e o animal, entre o organismo (animal-humano) e a máquina, e entre o físico e o não físico. Para ela,

> um mundo de ciborgues pode significar realidades sociais e corporais vividas, nas quais as pessoas não temam sua estreita afinidade com animais e máquinas, que não temam identidades permanentemente

parciais e perspectivas contraditórias. A luta política consiste em ver a partir de ambas as perspectivas ao mesmo tempo, porque cada uma delas revela tanto dominações quanto possibilidades que seriam inimagináveis a partir do outro ponto de vista (Haraway, 2000, p. 51).

Minha preocupação com a diferença, especialmente o que eu chamava de "diferença entre mulheres", não é nova. Na verdade, desde que comecei a pesquisar sobre como se dava o preconceito contra a mulher juntamente com o Grupo Ceres, me impressionei com a forma como os discursos das mulheres eram diferentes, especialmente quando se colocava a questão da diferença. Por exemplo, na fala de Mona:

> Eu me apresento como dona de casa, mãe de dois filhos, que vive em função de atividade de crianças... e entre as minhas atividades também... que não são muitas, mas que eu procuro ter tempo para fazer alguma coisa dentro da minha vida atribulada que é... Eu levo muito a sério essa função de dona de casa, eu procuro me dividir, me multiplicar pra atender a tudo, né? Reunião de colégio de criança... levar criança no colégio, levar criança pra natação, tênis, toda essa parte recreativa. E... tudo o mais, todos os outros problemas que traz uma casa, né? Que é... problema de um bombeiro[20] de uma torneira, problema de empregada, que é um problema seríssimo. Talvez, que é um dos meus maiores problemas como dona de casa... seja o problema de empregada doméstica (Grupo Ceres, 1981, p. 187-188).

Além da multiplicidade — e da divisão — a fala de Mona mostra claramente a diferença através do assentamento de fronteiras entre ela — dona de casa, patroa — e a empregada, que é considerada por ela como "um problema". A fala de Zhor, por outro lado, uma empregada doméstica marroquina com quem entrei em contato através do livro *Le Marroc raconté par ses femmes* (O Marrocos contado por suas mulheres) (Rabat: Societé Marocaine

---

20. Bombeiro aqui se refere a encanador.

des Editeurs Reunis) escrito por sua patroa, Fatima Mernissi, que o publicou em 1982, torna visível esse assentamento de fronteiras:

> Eu não sou como você; eu não posso esperar até o fim do mês para receber meu dinheiro. Eu não sobreviveria. Como você pensa que eu possa esperar um mês inteiro para receber o que eu ganho? Só quem pode esperar um mês é quem recebe uma quantia substancial de dinheiro. Você vê o que quero dizer. Às vezes você fica nas nuvens. Com todo seu estudo, você não sabe o básico. (...) Eu não sei escrever. Você! Você devia escrever sobre o que está na terra, não lá em cima nas nuvens (Mernissi, 1982, p. 10).

O livro de Mernissi mostra grandes semelhanças entre a situação das mulheres no Marrocos e as mulheres que havíamos entrevistado no Brasil e por isso resolvi estudar esses trabalhos, comparando e contrastando sua situação, mas sempre me perguntando sobre a diferença. Essas perguntas continuaram em minhas pesquisas posteriores, a primeira sobre as relações entre empregadas e patroas no Rio de Janeiro e a segunda sobre prostitutas pobres em Belo Horizonte. Essas pesquisas desembocaram no tema da violência, tema de minha pesquisa atual, buscando compreendê-la dentro de uma perspectiva que nos possibilite "verificar a igualdade", como propõe Rancière, para quem "[a] igualdade é fundamental e ausente, ela é atual e intempestiva, sempre dependendo da iniciativa de indivíduos e grupos que, contra o curso natural das coisas, assumem o risco de *verificá-la*, de inventar as formas, individuais ou coletivas, de sua verificação" (Rancière, 2002, p. 14)[21].

Por outro lado, não estou simplesmente em busca de respostas. Aprendi muito cedo com Michelle Rosaldo que "[o] que sabemos está restringido pelas estruturas interpretativas que, é claro, limitam

---

21. A primeira pesquisa fez parte do IV Concurso de Dotações para a Pesquisa sobre a Mulher Brasileira, com apoio da Fundação Ford (1987-1988) e a segunda fez parte do Programa da Área de População da Fundação MacArthur (1993-1996). A pesquisa atual teve início em 1998, com apoio do CNPq.

nossos pensamentos; o que podemos saber será determinado pelo tipo de questões que aprendemos a fazer" (Rosaldo, 1995, p. 13). Como esclarece numa nota de rodapé, Rosaldo está se referindo aqui à "necessidade de reconceitualizar perspectivas tradicionais da sociedade e da estrutura social; se não fizermos isso, não estaremos fazendo outra coisa senão "acrescentar" informações ao que permanece, em termos estruturais, um registro essencialmente androcêntrico" (Rosaldo, 1995, p. 13). O tom irônico de Woolf em texto citado anteriormente também critica esse registro androcêntrico, ao colocar a necessidade de abandonar as "mil perguntas que aparecem ao mesmo tempo" e ter que ir buscar a resposta, que só pode estar nos livros que escreveram os "homens sem preconceito", que se colocaram "acima dos conflitos da língua e da confusão do corpo". A linguagem nova proposta por Rosaldo e Woolf é feita mais de perguntas que de respostas — sobretudo uma única resposta — e, para que possa reconceitualizar o tradicional, tem que se haver com os conflitos da língua e com a confusão do corpo, isto é, tem que ter "a visão desde um corpo, sempre um corpo complexo, contraditório, estruturante e estruturado" e não uma "visão de cima, de lugar nenhum", como coloca Haraway em seu artigo sobre "saberes localizados" (Haraway, 1995, p. 30).

Tudo isso provoca em mim um misto de entusiasmo e medo, associados ao próprio estilo dessa linguagem nova, dessa nova forma de fazer ciência e política, que é a "do gaguejar e do parcialmente compreendido" (idem, p. 31). Então vale qualquer coisa que eu disser? Certamente que não, pois não se trata de relativismo, mas, pelo contrário, de produzir um saber crítico, que possa ser localizado e que torne possíveis redes de conexão. Sobretudo um saber pelo qual eu própria assuma responsabilidade, mas que não ofereça nenhuma garantia de estar certo. É como Butler define a promessa política do performativo como sendo "a que oferece um futuro político não antecipado para o pensamento desconstrutivo" (Butler, 1997b, p. 161). Como ela mostra, essa "abertura para contextos desconhecidos é claramente uma fonte de ansiedade para algumas pessoas", especialmente na instituição acadêmica, onde é comum a separação entre trabalho intelectual e trabalho político e onde há comumente "uma oposição intelectual a questões que desestabilizam um sentido de realidade" (Butler, 1997b, p. 161-162).

Como veremos, Nietzsche usa a imagem do granito para expressar a resistência do homem em aprender ou desaprender algo sobre "a mulher em si" — entre aspas. O uso que estou fazendo do granito de Nietzsche aqui serve tanto para expressar a tenacidade com que se mantém o preconceito contra as mulheres, como também expressa meu interesse em escrever sobre essa questão, me apoiando na filosofia, ainda que superficialmente. Quando digo superficialmente, quero dizer que não vou me aprofundar no conhecimento de nenhum dos pensadores que escolhi para falar da mulher. Estarei me apoiando apenas em fragmentos de suas obras onde aparece a mulher e, no caso de Nietzsche, apenas nos trabalhos de outros filósofos sobre sua visão da questão da mulher. O que estou buscando é escrever sobre a diferença sexual, me embrenhando por uma área nova, usando fragmentos da filosofia, de modo a contribuir na luta contra o preconceito, que continua arraigado em todos nós. O aprendizado que a escrita proporciona, de que fala Foucault em entrevista com Roger Pol-Droit é, sem dúvida, importante — e prazeroso — mas, assim como ele, gostaria de ser mais uma artesã do que uma escritora, produzindo este livro como se produz um tamanco — e aqui me lembro da palavra tamanco em francês — *sabot* — que dá origem à palavra sabotagem[22]. Um tamanco que nos permita — mulheres e homens — sabotar a máquina de subjetivação que nos produz como sujeitos com identidades fixas, impostas por uma teia de significados que nós mesmos tecemos, através de relações de poder.

---

22. Li em algum lugar importante, que não consegui localizar, que a origem da palavra sabotagem se liga ao uso que os operários faziam do tamanco para emperrar as máquinas nas fábricas, como um ato de resistência.

Por que a filosofia? Justamente porque o preconceito, segundo o dicionário, é um *conceito*, conceito "formado antecipadamente sem maior ponderação ou conhecimento dos fatos"[23], geralmente hostil, associado à intolerância contra grupos minoritários. Se o preconceito é um conceito, é importante entender como ele se forma e como se mantém, e é a filosofia que poderá nos ajudar nessa tarefa, pois, de acordo com Deleuze e Guattari, "a filosofia é a arte de formar, de inventar, de fabricar conceitos" (1993, p. 10). Para esses autores,

> criar conceitos sempre novos é o objeto da filosofia. (...) Nietzsche determinou a tarefa da filosofia quando escreveu: "os filósofos não devem mais contentar-se em aceitar os conceitos que lhes são dados, para somente limpá-los e fazê-los reluzir, mas é necessário que eles comecem por fabricá-los, criá-los, afirmá-los, persuadindo os homens a utilizá-los. Até o presente momento, tudo somado, cada um tinha confiança em seus conceitos, como num dote maravilhoso vindo de algum mundo igualmente miraculoso", mas é necessário substituir a confiança pela desconfiança, e é dos conceitos que o filósofo deve desconfiar mais, desde que ele mesmo não os criou (Deleuze e Guattari, 1993, p. 13-14).

Os conceitos, portanto, não são algo abstrato e imutável que se impõe a nós, cabendo-nos a tarefa de apenas mantê-los reluzentes. O conceito, assim como o sentido da palavra, como vimos, se encarna ou se efetua nos corpos, ou seja, tem uma materialidade, ainda que seja incorporal. "O conceito diz o acontecimento, não a essência ou a coisa" (Deleuze e Guattari, 1993, p. 33). Para conhecer alguma coisa através de conceitos, é preciso criá-los, isto é, construí-los "numa intuição que lhes é própria: um campo, um plano, um solo, que não se confunde com eles, mas que abriga seus germes e os personagens que os cultivam" (Deleuze e Guattari,

---

23. Ver verbete Preconceito no *Novo Aurélio, Século XXI* (Rio de Janeiro: Nova Fronteira, 1999, 3ª edição, p. 1.625).

1993, p. 15-16). A partir dessa visão do conceito como criação, Deleuze e Guattari propõem "uma *pedagogia* do conceito, que deveria analisar as condições de criação como fatores de momentos que permanecem singulares" (Deleuze e Guattari, 1993, p. 21), o que possibilitaria à filosofia enfrentar o que eles consideram que seja seu mais perigoso rival atualmente, que é o *marketing*, que se apoderou da própria palavra conceito, transformando-o em um produto, em mercadoria, tornando o acontecimento apenas uma exposição dos produtos. Para eles, esta pedagogia é também uma forma de se contrapor à tarefa proposta pelos pós-kantianos, que giravam em torno de "uma *enciclopédia* universal do conceito, que remeteria sua criação a uma pura subjetividade". É preciso, pois, "reler Kant", como acontece no poema de Orides Fontela:

> Duas coisas admiro: a dura lei
> cobrindo-me
> e o estrelado céu
> dentro de mim.

Essa visão do conceito está relacionada à discussão acima — sobre o sentido das palavras que dá origem ao processo de produção do preconceito — e aponta para uma nova perspectiva em direção a intervenções que possam enfrentá-lo. Produz mesmo uma sensação de alívio colocar a questão do conhecimento como alguma coisa que tem que ser produzida pela própria pessoa através da criação de seus conceitos. Caso contrário, ela não está conhecendo nada, apenas reiterando o conhecimento que lhe é imposto e que é parte do preconceito contra ela mesma. Nunca me esquecerei dessa sensação de alívio ao entrar em contato com a prática acadêmica no programa História da Consciência. Vi nessa prática uma possibilidade de lutar efetivamente contra o preconceito por meio da minha própria fabricação de conceitos, que não se dá de forma isolada, é claro, mas numa comunidade onde haja afinidades. Em meu trabalho como professora, por exemplo, tento usar essa prática com as/os estudantes, pois considero que só quando cada um e cada uma de nós criamos nossos próprios conceitos e assumimos responsabilidade por essa criação podemos deslocar esse conhecimento supostamente universal e verdadeiro que nos submete ao preconceito.

1

Mulher e filosofia
A construção da "mulher" em fragmentos da filosofia ocidental

> — filosofia, tal como até agora a entendi e vivi, é a vida voluntária em gelo e altas montanhas — a procura por tudo o que é estrangeiro e problemático na existência, por tudo aquilo que até agora foi exilado pela moral.
>
> *Nietzsche*

> ... apesar de datados, assinados, e batizados, os conceitos têm sua maneira de não morrer, e todavia são submetidos a exigências de renovação, de substituição, de mutação, que dão à filosofia uma história e também uma geografia agitadas, das quais cada momento, cada lugar, se conservam, mas no tempo, e passam, mas fora do tempo.
>
> *Deleuze* e *Guattari*

> Tudo que não invento é falso.
>
> *Manoel de Barros*

O caminho que escolhi para pensar sobre o preconceito contra a mulher, ou, melhor, o caminho que foi se descortinando no meu percurso de entender o que se passa com o preconceito contra mulher, foi o caminho da genealogia. Por isso, quando busquei a filosofia para me ajudar na construção de novos conceitos, não foi qualquer filosofia que busquei, mas, mais precisamente, Nietzsche e Foucault, esses filósofos "malditos", como são considerados pelo pensamento liberal. Considerei Espinosa, Beauvoir e Freud como contrapontos importantes desses filósofos, pelos quais temos que passar em nossa caminhada para perceber suas possibilidades e seus limites e prosseguir em busca de alguma coisa que não seja o que esses pensadores consideram como dado, seja uma natureza inferior das mulheres em Espinosa, seja a fraternidade com os homens num mundo que permanece igual em Beauvoir, seja a "pedra fundamental" da castração e da inveja do pênis, em Freud.

Começarei com Espinosa, que considerava que sua própria transformação para melhor só seria possível se fosse partilhada com os outros, o que acredito ser um dos principais guias do feminismo atualmente. Além disso, o trabalho de Espinosa tem servido de fundamento para os estudos de Chaui, Deleuze e Antonio Negri, que têm contribuído direta ou indiretamente para a produção da teoria feminista, sobretudo por sua preocupação com o político. Grosz escreveu um trabalho sobre "corpos reconfigurados", em que vê no monismo de Espinosa, na crítica que ele faz ao dualismo cartesiano que separa corpo e mente, uma forma de o feminismo levantar novas questões em relação ao confinamento da mulher ao corpo, que, como vimos, a impede de falar sem passar pelo crivo do discurso masculino. Baseando-se em Espinosa, Grosz propõe uma análise alternativa que possibilite uma compreensão não dicotômica do corpo.

Embora certamente o trabalho de Espinosa possa ser usado indiretamente para uma análise que possibilite libertar as mulheres de serem percebidas simplesmente como corpo, quando o próprio Espinosa se propõe diretamente a entender a situação das mulheres, ele o faz em um único momento, nos parágrafos 3 e 4 do capítulo

XI do *Tratado político*, que foi redigido entre 1675 e 1677 (ano de sua morte) e permaneceu inacabado. É importante copiar essa passagem por inteiro, de modo que observemos como se dá a formação do conceito de mulher em Espinosa.

Pelo que precede, é manifesto que podemos conceber diversos gêneros de democracia; o meu desígnio não é falar de todos, mas de me cingir ao regime em que todos os que são governados unicamente pelas leis do país não estão de forma alguma sob a dominação de um outro, e vivem honrosamente, possuem o direito de sufrágio na assembleia suprema e têm acesso aos cargos públicos. Digo expressamente *que são regidos unicamente pelas leis do país* para excluir os estrangeiros, súditos de outro Estado. Acrescentei a estas palavras *que não estão sob a dominação de um outro* para excluir as mulheres e os servidores, que estão sob a autoridade dos maridos e dos senhores, as crianças e os pupilos, que estão sob a autoridade dos pais e dos tutores. Disse, enfim, *que têm uma vida honrosa*, para excluir os marcados pela infâmia por causa de um crime, ou de um gênero de vida desonroso (cap. XI, § 3).

Perguntarão, talvez, se as mulheres estão por natureza, ou por instituição, sob a autoridade dos homens? Se é por instituição, nenhuma razão nos obrigaria a excluir as mulheres do governo. Se, todavia, apelamos para a experiência, veremos que isso provém da sua fraqueza. Em nenhuma parte da terra homens e mulheres reinaram conjuntamente, mas em toda parte, onde se encontram homens e mulheres, vemos que os homens reinam e que as mulheres são governadas, e que, desta maneira, os dois sexos vivem em boa harmonia; pelo contrário, as amazonas, que segundo uma tradição, outrora reinaram, não admitiam que os homens permanecessem em seu território, não alimentavam senão os indivíduos do sexo feminino e matavam os machos que tinham gerado. Se as mulheres fossem, por natureza, iguais aos homens, se tivessem no mesmo grau a força de alma e as qualidades de espírito que são, na espécie humana, os elementos do poder e, consequentemente, do direito, certamente, entre tantas nações diferentes, não se poderia deixar de encontrar umas em que os dois sexos reinassem igualmente, e outras em que os homens seriam governados pelas mulheres e receberiam uma educação própria para restringir as suas qualidades do espírito. Mas isso nunca se viu em parte alguma, e pode-se afirmar, por consequência, que a mulher não é, por natureza, igual ao homem e também que é impossível que os dois sexos reinem igualmente, e, ainda menos, que os homens sejam regidos pelas mulheres. Se, além disso, considerarmos as paixões humanas, se reconhecermos que quase sempre o amor dos homens pelas mulheres não tem outra origem senão o desejo sensual, de tal modo que não apreciam nelas as qualidades de espírito e prudência, mas as da beleza que têm, que não admitem que as mulheres amadas tenham preferência por outros que não eles, ver-se-á, sem esforço, que não se poderia instituir o reinado igual dos homens e das mulheres sem grande prejuízo para a paz. Mas é bastante sobre este ponto (Espinosa, 1979, p. 365-366).

Aqui Espinosa se apoia ingenuamente na "experiência" para confirmar a "fraqueza" das mulheres e retorna ao dualismo mente/corpo ("espírito" *versus* "beleza") para explicar a origem do "amor dos homens pelas mulheres". Além disso, confunde a diferenciação (não ser igual) das mulheres "por natureza" com a observação de que elas não tenham as qualidades de espírito que conferem o poder e o direito aos homens, ou seja, toma os homens como o padrão da igualdade. Tanto é assim, que, quando admite a possibilidade de as mulheres serem iguais aos homens, argumenta que, para serem governados por elas, estes teriam que receber "uma educação própria para restringir as suas qualidades de espírito". É muito interessante que, em nenhum momento, passe pela cabeça de Espinosa que, nas nações em que as mulheres são governadas pelos homens, isto é, todas as nações na sua época e na nossa, as mulheres também sejam submetidas a uma educação própria para restringir suas qualidades de espírito. Isso, provavelmente, se dê porque ele acredita que o problema não esteja na instituição e sim na fraqueza (por natureza) das mulheres.

O que é mais curioso em relação a esse texto, no entanto, é que essa visão de Espinosa sobre as mulheres não seja levada em conta por nenhum dos autores que utilizam a sua obra de forma tão revolucionária[24]. No volume sobre Espinosa, da coleção *Os Pensadores*, organizada por Chaui, há uma única nota de rodapé, de Carlos Lopes de Mattos, tradutor do *Tratado da Correção do Intelecto*, que comenta que "Espinosa era antifeminista, como quase todos em sua época". Essa nota tenta explicar por que Espinosa se refere apenas à "Doutrina da Educação dos meninos" em seu projeto de transformação da natureza humana. Novamente, não se coloca para Espinosa a questão da educação das meninas. Não é de admirar que as teorizações feministas tenham se preocupado tanto com essa questão. A esse respeito, os trabalhos de Guacira Lopes Louro (1997 e 1999) são fundamentais por mostrarem como a educação ainda restringe "as qualidades de espírito" das mulheres e de outras minorias, especialmente no que diz respeito à adestração do corpo e da sexualidade — "o corpo educado" — como diz bem o título de seu livro (1999).

A própria nota de Mattos, que deixa transparecer um certo mal-estar pelo "antifeminismo" de Espinosa — caracterizado aqui por sua preocupação apenas com a educação dos meninos, deixando as meninas de lado — precisa ser melhor entendida. A nota procura justificar o antifeminismo de Espinosa como algo que era comum em seu tempo, isto é, no século XVII, mais exatamente

---

24. Certamente, não tenho a pretensão de conhecer toda a obra desses pensadores, especialmente o vastíssimo trabalho de Chaui sobre Espinosa. Fiz uma breve pesquisa nos índices de seu livro *A nervura do real* (São Paulo: Companhia das Letras, 1999) e não aparecem nem o verbete *mulher* nem *diferença sexual*. O trecho de Espinosa não é mencionado nem no trabalho de Chaui sobre a repressão sexual, que trata quase exclusivamente da diferença sexual. Porém, o silêncio em torno dessa passagem tão bizarra não pode passar despercebido, na medida em que pode fazer parte do próprio preconceito contra mulheres. Acredito que alguma feminista terá tratado dessa questão, inclusive a própria Grosz, porém desconheço esse trabalho. Em seu artigo, Grosz aponta sim dois problemas com o monismo de Espinosa, mas esses problemas não dizem respeito ao texto onde explicitamente Espinosa fala sobre a mulher (Grosz, 2000, p. 66).

entre 1632-1677, tempo em que Espinosa viveu. Mas Espinosa não é considerado, com razão, como um pensador muito à frente de seu tempo? Não foi por isso que foi duramente condenado? E não é por isso que hoje sua obra nos serve de inspiração para estabelecermos teorias mais libertadoras? Como explicar então essa visão de Espinosa, tão pouco crítica sobre a questão da mulher e seu desinteresse em se aprofundar sobre o tema, colocando um ponto final, indicando que o pouco que havia dito já era suficiente — "bastante sobre este ponto"?

Nietzsche me parece oferecer um contraponto para essa abordagem "antifeminista" de Espinosa sobre a mulher, pois além de não se contentar em se apoiar ingenuamente na experiência, Nietzsche explicitamente busca entender a mulher no contexto de uma sociedade hierarquizada e de valores morais rígidos e a inevitável tensão de sua relação com o homem nessa sociedade, tensão essa que Espinosa considera como podendo trazer prejuízo para a paz dessa mesma sociedade. Diríamos mesmo que Nietzsche se arrisca a "deixa[r] falar, em seus textos, o que sua natureza de homem 'farejou' sobre a mulher", como mostra Maria Cristina Franco Ferraz em seu estudo (Ferraz, 1994, p. 186). Jacques Derrida, por sua vez, em seu livro *Éperons*, dedicado a compreender o trabalho de Nietzsche sobre as mulheres, mostra como Nietzsche considera que foi o dogmatismo dos filósofos que os fez compreender mal as mulheres. Derrida vê essa incompreensão das mulheres pela filosofia como parte da suposição de Nietzsche de que a verdade seja uma mulher. Essa assimilação da mulher à verdade se baseia na impossibilidade de se chegar a uma compreensão plena de ambas (Derrida, 1979, p. 54). Este é para mim um dos principais aspectos da filosofia de Nietzsche para a produção contemporânea da teoria feminista — a impossibilidade de totalização da verdade, e, ao mesmo tempo, uma crítica ao conceito de uma identidade estável, que pode ser conhecida em sua totalidade.

Os textos de Ferraz e de Derrida remetem ao granito que representa a resistência do homem em aprender ou desaprender algo sobre "a mulher em si" — entre aspas —, de que falamos mais acima.²⁵ Ambos autores citam essa passagem de Nietzsche:

> ... no fundo de nós mesmos, bem "lá embaixo", há algo rebelde a toda instrução, o granito de um *fatum* espiritual, feito de decisões e de respostas previamente determinadas a certas perguntas previamente determinadas. Em cada problema cardeal, fala um imutável "isto sou eu". A respeito do homem e da mulher, por exemplo, um pensador não pode aprender algo totalmente diferente; só pode ir ao fundo do que sabe, e apenas descobrir, no final das contas, o que nele está "fixado" nesse ponto. Encontramos bem cedo certas soluções para problemas, que aumentam exatamente *nossa* crença; chamamo-las talvez, depois, de nossas "convicções". Mais tarde, só vemos em tais soluções pistas para o autoconhecimento, indícios do problema que *somos*, mais exatamente, da grande tolice que somos, de nosso *fatum* espiritual, daquilo que, em nós, é *rebelde a toda instrução*, bem "lá no fundo". Por conta dessa grande amabilidade com que lido comigo mesmo, ser-me-á talvez aqui permitido formular algumas

---

25. O livro de Ferraz não trata diretamente da questão da mulher, pois seu objetivo é fazer um estudo crítico da autobiografia de um pensador como Nietzsche, "desconstrutor de categorias metafísicas que tradicionalmente sustentaram o gesto autobiográfico, tais como 'sujeito', 'representação' e 'profundidade'", como se lê na orelha de seu livro. Ela dedica apenas dez páginas (178-187) à "Mulher" e ao "Eterno Feminino", sendo que este último vem entre aspas. Já Derrida escreve seu livro introduzindo-o como tendo a mulher como tema e reconhecendo a contribuição essencial de alguns autores que, segundo ele, "abriram uma fase nova num processo de interpretação desconstrutiva, isto é, afirmativa" (Derrida, 1979, p. 36). E numa nota cita esses autores, entre eles, Sarah Kofman e Philippe Lacoue-Labarthe. Kofman foi orientadora da tese de doutorado de Ferraz, que deu origem a seu livro. Ela e Lacoue-Labarthe escrevem sobre o livro na contracapa. Há, portanto, algo em comum nos dois trabalhos, que, segundo Derrida, diz respeito às possibilidades de desconstrução abertas pela consideração da questão da mulher. Em 1980 Kofman publicou o livro *L'Enigme de la femme: La femme das les textes de Freud* (Paris: Editions Galilée), que Butler considera como "dando à teoria de Lacan uma aparência quase mítica" (Butler, 1990, p. 159) ao tratar da dupla repressão que funda a feminilidade de acordo com Freud. Esse livro, bem como outros livros seus sobre a mulher, no entanto, não constam da bibliografia de Ferraz. De Kofman, ela cita apenas dois livros que tratam do trabalho de Nietzsche. Por outro lado, a edição original do livro de Derrida, *Éperons*, publicada em 1978, é citada. O trabalho de Ferraz sugere, no entanto, que é impossível estudar Nietzsche deixando de lado seu interesse pelo conceito de mulher.

verdades sobre a "mulher em si" — admitindo-se que se saiba doravante previamente até que ponto são apenas *minhas próprias* verdades (Nietzsche, apud Ferraz, 1994, p. 184-185).

O uso das aspas para se referir à mulher em si, conforme mostra Ferraz, é "uma estratégia de desconstrução, que Nietzsche utiliza frequentemente... associando necessariamente o conhecimento a uma perspectiva — o que anula a própria possibilidade da existência de um suposto 'em si'" (Ferraz, 1994, p. 185). E Derrida, cujo trabalho se apoia amplamente na desconstrução, interpreta essa passagem como a afirmação de Nietzsche que

> Não existe uma mulher, uma verdade em si da mulher em si, pelo menos é o que ele diz, assim como a tipologia tão variada, a multidão de mães, filhas, irmãs, solteironas, esposas, governantas, prostitutas, virgens, avós, meninas pequenas e grandes de sua obra. Exatamente por essa razão, não há uma verdade de Nietzsche ou do texto de Nietzsche. (...) "essas são as *minhas* verdades"... (Derrida, 1979, p. 100-102).

Ao sublinhar o "minhas", Nietzsche está dizendo que "[n]ão há uma verdade em si, mas um excesso, mesmo para mim, sobre mim, a verdade é plural" (Derrida, 1979, p. 102). Porém, como argumenta Ferraz, "o fato de que todo conhecimento corresponde a uma perspectiva não implica de forma alguma que todas as óticas tenham o mesmo valor" (Ferraz, 1994, p. 185)[26], em primeiro lugar justamente porque Nietzsche "exprime uma perspectiva radicalmente singular" e também porque o texto expressa "o aspecto inquietante de toda alteridade irredutível", ao considerar "o caráter extremamente problemático do homem com a mulher" (Ferraz, 1994, p. 185).

---

26. A ideia de que o conhecimento expressa uma perspectiva me parece ser um dos argumentos centrais da teoria feminista, explicitado no próprio título do artigo de Haraway, "Saberes localizados: a questão da ciência para o feminismo e o privilégio da perspectiva parcial" (1995).

Em suma, Nietzsche assume que mulher é um conceito criado e assume também como ele próprio cria esse conceito em seu trabalho, usando-o como uma espora para explorar, examinar, marcar o granito que sustenta o desconhecimento da mulher, que, na realidade, é um conhecimento baseado na ilusão de saber *a* verdade sobre as mulheres, e sobre uma imutável identidade — "isto sou eu" — que apenas reforçam nossas "convicções".

Apesar de suas amizades com feministas e sua atitude feminista ao apoiar — sem sucesso — a candidatura de uma jovem para o doutorado na Universidade de Basileia em 1875 (Ferraz, 1994, p. 181), Nietzsche criticou o feminismo de sua época como sofrendo de "um dos sintomas da doença inerente a toda luta por 'igualdade de direitos'" (Ferraz, 1994, p. 180). Segundo Ferraz, quando Nietzsche fala do "eterno feminino", ele enfatiza "uma diferença irredutível, fundamental, que respeita e admira, uma alteridade radical capaz de provocar medo. (...) o eterno-feminino é, assim, o 'outro' da moral" (Ferraz, 1994, p. 182). Para mim Nietzsche desconstrói o "eterno feminino", que, como mostra Beauvoir, equivale à "alma negra" e ao "caráter judeu". Segundo Ferraz,

> [o] que, para Nietzsche, é digno de respeito na mulher é sobretudo sua "maldade", sua natureza "mais natural" que a do homem, profundamente "injusta" e "imoral": assim, quanto mais for mulher, mais se defenderá "com unhas e dentes contra os direitos em geral", contra toda pretensão a uma "igualdade" entre os seres; mais desejará a diferença e afirmará sua irredutível singularidade (Ferraz, 1994, p. 181).

Trata-se, sem dúvida, de um texto que, aparentemente, faz jus ao "enorme *corpus* do antifeminismo de Nietzsche" (Derrida, 1979, p. 56); porém, a tese central do livro de Derrida é justamente mostrar a congruência entre três posições de valor que Nietzsche ocupa em relação ao feminismo, contidas na heterogeneidade do texto de Nietzsche sobre a mulher. Num primeiro momento, a mulher é condenada e desprezada como figura de falsidade em nome da verdade e da metafísica dogmática do homem crédulo, que apresenta a verdade e o falo como seus próprios atributos. A segunda posição também condena e despreza a mulher, mas dessa vez como "figura ou potência da verdade", seja porque com ela a mulher se identifica, seja porque a mulher continua a jogar com ela a distância, mas ainda "no sistema e na economia da verdade, no espaço falogocêntrico" (Derrida, 1979, p. 96). Na terceira posição,

> a mulher é reconhecida para além dessa dupla negação, afirmada como potência afirmativa, dissimuladora, artista, dionisíaca. Não é o homem que a afirma, mas ela se afirma por si mesma, nela mesma e no homem. (...) O antifeminismo é, por sua vez, derrubado, ele condenava a mulher apenas na medida em que ela era para o homem e respondia a ele nas duas posições reativas (Derrida, 1979, p. 96).

A interpretação que Derrida e Ferraz fazem da fabricação do conceito de mulher em Nietzsche me parece ser útil para se compreender esse conceito na atualidade e especialmente para se pensar sobre como as diferentes teorias feministas o têm fabricado. Considero que essa interpretação coloca a diferença (sexual) como possibilitando uma crítica fundamental à sociedade ocidental capitalista liberal falocêntrica, em que os homens aparecem como detentores do poder, mas, na verdade, trata-se de um poder que se baseia no ocultamento e marginalização de outras realidades diferentes, que também têm poder, como veremos com Foucault, daí a necessidade do preconceito, que se torna um dos instrumentos mais eficazes do ocultamento e da marginalização. A proposta pura e simples de uma igualdade com os homens significa então continuar nessa mesma sociedade, que apenas simula uma igualdade — que é fundamental para sua lógica de mercado — porém que se baseia numa verdade única e universal, ou seja, onde ser igual significa tomar como padrão os homens. A diferença, que não é apenas sexual, mas que é perpassada por outras diferenças — principalmente de raça e classe —, não deve, portanto, ser anulada em favor de uma igualdade com os homens, mas deve, pelo contrário, ser afirmada. É importante, porém, repetir que não estou fazendo o elogio da diferença ou do feminino, como se se tratasse de uma essência de mulher — mais sensível, mais intuitiva, menos agressiva — que se encontra apenas reprimida e que surgiria pronta e acabada uma vez retirada a repressão. Esta, como disse acima, me parece ser uma visão ingênua e, o que é pior, uma visão liberal da questão da diferença, na qual o homem continua a ser "homem de verdade" e a mulher continua a ser "mulher de verdade", ou seja, uma volta à identidade como essência em sua origem, que sustenta a permanência dos estereótipos. A visão da diferença como acontecimento, que começamos a discutir na apresentação deste trabalho, será retomada mais adiante como uma possível saída para o falso dilema da igualdade *versus* diferença, criticado por Mouffe. Essa visão da diferença está de acordo com o que Nietzsche argumenta sobre o desejo da mulher pela diferença e sua afirmação da "irredutível singularidade".

A diferença na sociedade capitalista se manifesta através da colonização de quem é diferente pelos que se apoderaram de uma verdade única, que consideram como sendo universal. A diferença implica então submissão, falta de autonomia, dependência, incapacidade de se colocar como sujeito. Beauvoir escreveu seu livro sobre o segundo sexo para tentar elucidar a dificuldade da mulher de se colocar como sujeito, para entender sua posição de segundo sexo. Ela escreve numa perspectiva da "moral existencialista", que considera que

> todo sujeito coloca-se concretamente através de projetos como uma transcendência; só alcança sua liberdade pela sua constante superação em vista de outras liberdades; não há outra justificação da existência presente senão sua expansão para um futuro indefinidamente aberto (Beauvoir, 1970, p. 22-23).

Porém, como mostra Beauvoir, ao lado dessa pretensão ética de afirmação do sujeito, existe

a tentação de fugir de sua liberdade e de constituir-se em coisa. É um caminho nefasto porque passivo, alienado, perdido, e então esse indivíduo é presa de vontades estranhas, cortado de sua transcendência, frustrado de todo valor. Mas é um caminho fácil: evitam-se com ele a angústia e a tensão da existência autenticamente assumida. O homem que constitui a mulher como um *Outro* encontrará, nela, profundas cumplicidades (Beauvoir, 1970, p. 15).

Apoiando-se em Hegel, Beauvoir compara a relação do homem com a mulher com a que liga o senhor ao escravo. Nessa última, segundo ela,

o primeiro não *põe* a necessidade que tem do outro; ele detém o poder de satisfazer essa necessidade e não a mediatiza; ao contrário, o escravo, na dependência, esperança ou medo, interioriza a necessidade que tem do senhor; a urgência da necessidade, ainda que igual em ambos, sempre favorece o opressor contra o oprimido (Beauvoir, 1970, p. 14).

Além de o homem não colocar sua dependência da fêmea devido ao "desejo sexual e desejo de posteridade", Beauvoir considera que é difícil para ele "medir a extrema importância de discriminações sociais que parecem insignificantes de fora e cujas repercussões morais e intelectuais são tão profundas na mulher que podem parecer ter suas raízes numa natureza original" (Beauvoir, 1970, p. 20).

O livro de Beauvoir é muitas vezes considerado como precursor da teoria feminista, na medida em que ela estava buscando ver "com clareza" a situação das mulheres, indo além da "querela" — como ela se refere aos argumentos das feministas de sua época, cuja preocupação polêmica, segundo ela, muitas vezes tirava-lhes todo o valor (1970, p. 20). Prefiro, no entanto, vê-la como uma precursora mais pelo seu importante insight de que "Não se nasce mulher, torna-se mulher", que, sem dúvida, tem servido de fonte de inspiração para muitas de nossas teorias.[27] Pois, na verdade, ao estabelecer a dicotomia querela *versus* clareza, ela estabelece uma separação entre prática e teoria, se colocando como fazendo parte de um seleto grupo de mulheres "mais indicadas para elucidar a situação da mulher", na medida em que "tiveram a sorte de ver-lhes restituídos todos os privilégios do ser humano". Como ela escreve,

> Não somos mais como nossas predecessoras: combatentes. De maneira global, ganhamos a partida. Nas últimas discussões acerca do estatuto da mulher, a ONU não cessou de exigir que a igualdade dos sexos se realizasse completamente e muitas de nós já não veem em sua feminilidade um embaraço ou um obstáculo; muitos outros problemas nos parecem mais essenciais do que os que nos dizem particularmente respeito; e esse próprio desinteresse permite-nos esperar que nossa atitude será objetiva. (...) É impressionante que em seu conjunto a literatura feminina seja menos animada em nossos dias por uma vontade de reivindicação do que por um esforço de lucidez... (Beauvoir, 1970, p. 21-22).

Essa pretensão de algumas feministas que, como Beauvoir, se colocam como porta-vozes das mulheres que não tiveram seu privilégio, no sentido de elucidar sua situação, tem sido duramente criticada pelo feminismo contemporâneo — porém, assumir essa posição crítica ainda implica muito conflito. E até hoje também há problemas na forma como encaramos a relação entre teoria e prática. Gosto da forma como Foucault coloca o papel do/da intelectual em sua conversa com Deleuze, vendo este papel como não sendo

---

27. Segundo Beauvoir, "Ninguém nasce mulher: torna-se mulher. Nenhum destino biológico, psíquico, econômico define a forma que a fêmea humana assume no seio da sociedade; é o conjunto da civilização que elabora esse produto intermediário entre o macho e o castrado que qualificam de feminino" (Beauvoir, 1975, p. 9).

mais o de se colocar "um pouco na frente ou um pouco de lado" para dizer a verdade de todos; é antes o de lutar contra as formas de poder exatamente onde ele é, ao mesmo tempo, o objeto e o instrumento: na ordem do saber, da "verdade", da "consciência", do discurso.

É por isso que a teoria não expressará, não traduzirá, não aplicará uma prática. *Ela é uma prática. Mas local e regional: ... não totalizadora.* Luta contra o poder, luta para fazê-lo aparecer e feri-lo onde ele é mais invisível e mais insidioso (Foucault, 1979, p. 71, grifos meus).

Gosto também de Deleuze dizendo que Foucault foi "o primeiro a nos ensinar — tanto em seus livros quanto no domínio da prática — algo fundamental: a indignidade de falar pelos outros". Deleuze nos lembra também que "[n]enhuma teoria pode se desenvolver sem encontrar uma espécie de muro e é preciso a prática para atravessar o muro" (idem, p. 72). Ou seja, a separação que geralmente se faz entre teoria e prática acontece em relações de poder e estabelece uma hierarquia entre quem se dedica a uma ou à outra. Essa separação, infelizmente, é produzida também na univerdade, onde um certo discurso "acadêmico" se coloca como "objetivo", sem envolvimento com a política. O discurso de um ex-reitor da UFMG, Francisco Barreto, expressa bem essa separação, ao advertir sobre o desequilíbrio que um número crescente de estudantes poderia causar na produção da universidade, argumentando que seria necessário avaliar a situação "objetiva e *academicamente* sem tendenciosidade política". De acordo com ele, a pesquisa produzida na universidade — e a própria universidade — deveriam estar "acima de objetivos políticos imediatos". Nesse discurso, o reitor vê a política como estando "abaixo" de uma avaliação acadêmica objetiva e também como estando associada à tendenciosidade e a "objetivos imediatos", e, o que é mais problemático, considera que suas próprias ideias sobre o risco de se aumentar as vagas para estudantes não sejam políticas, mas "objetivas e acadêmicas".

Mas o que significa "acadêmico"? Para mim, um discurso acadêmico é aquele que tenta ignorar o político em nossas produções na universidade, que são sempre políticas, como tem mostrado Bruno Latour, especialmente no estudo que fez com Steve Woolgar, num laboratório de física[28]. Esse discurso tenta separar "o político", que, segundo Mouffe, "designa a dimensão de antagonismo e de hostilidade entre os humanos", e "a política", que "pretende estabelecer uma ordem, organizar a coexistência humana em condições que são sempre conflituosas porque estão atravessadas pelo político" (Mouffe, 1999b, p. 269-270). E, continua Mouffe, a

> visão que tenta unir os dois sentidos referidos pela "palavra 'política', o de 'polemos' e o de 'polis'", é profundamente alheia ao pensamento liberal e, por outro lado, é a razão pela qual este pensamento se encontra desarmado diante do fenômeno do antagonismo. Mas considero que o futuro da democracia depende do reconhecimento desta dimensão do político, porque para protegê-la e consolidá-la deve-se ver com lucidez que a política sempre consiste em "domesticar" a hostilidade e tratar de neutralizar o potencial de antagonismo que existe nas relações humanas (Mouffe, 1999b, p. 270).

Rancière usa o termo "polícia", num sentido mais amplo, para se referir a esse processo de estabelecer uma ordem nas relações. Segundo ele, a polícia se refere à distribuição de lugares e funções e dos sistemas que legitimam essa distribuição (Rancière, 1996a, p. 41). A política, pelo contrário, se refere à atividade que rompe as divisões sensíveis da ordem da polícia ao introduzir a afirmação da igualdade de todo ser falante com todo outro ser falante. A política existe quando a lógica de dominação supostamente natural é interrompida pelo efeito da igualdade. Rancière considera que a política seja um acontecimento raro: "a política não advém naturalmente nas sociedades humanas. Advém como um desvio extraordinário,

---

28. *Laboratory Life: The social construction of scientific facts*. Beverly Hills, London: Sage, 1979.

um acaso ou uma violência em relação ao curso ordinário das coisas, ao jogo normal de dominação" (Rancière, 1996b, p. 371). Assim como Mouffe, Rancière reformula o conceito de política em relação a noções que têm sido comumente associadas a ele, tais como a noção de consenso, que se refere à ideia que a política seja uma forma de combinar os sentimentos e interesses das pessoas que vivem juntas. Rancière considera que a noção de consenso seja, na verdade, a repressão do que é próprio da política, que é a racionalidade do dissenso. O que ele chama dissenso

> não [é] um conflito de pontos de vista nem mesmo um conflito pelo reconhecimento, mas um conflito sobre a constituição mesma do mundo comum, sobre o que nele se vê e se ouve, sobre os títulos dos que nele falam para serem ouvidos e sobre a visibilidade dos objetos que nele são designados (Rancière, 1996b, p. 374).

O dissenso tem o sentido estético de tornar visível uma questão que não era visível anteriormente. É uma invenção que torna visíveis dois mundos em apenas um mundo. Por exemplo, o mundo público que vê as mulheres como pertencendo ao mundo doméstico e o mundo público que afirma que as mulheres pertencem ao mundo público (Rancière, 1996a, p. 48).

Em suma, o discurso acadêmico a que estou me referindo coincide com o discurso liberal, que não considera a teoria ela mesma como uma prática e, o que é mais grave, considera a prática como tendo menos valor por não ser "pura teoria" e sim "pura política", unindo os dois sentidos da palavra política (antagonismo e domesticação) num sinal de menosprezo. Além disso, o discurso acadêmico tende a ser proferido por aquelas e aqueles que se colocam "um pouco na frente ou um pouco de lado" para dizer, não as suas verdades, a partir de sua perspectiva, mas *a* verdade de todos.

Infelizmente, há incontáveis exemplos do uso desse tipo de discurso, mas ele dá mais nas vistas justamente quando tenta se esconder atrás de uma justificativa humanitária. Considero o caso de Richard Rorty como sendo exemplar a esse respeito. Rorty argumenta que a dor seja o que nos liga a "bestas que não usam a linguagem" (sic), e, portanto, a pessoa em sofrimento não consegue falar. É por isso que, para ele, não existe algo como "a voz do oprimido" ou "a linguagem das vítimas"[29]. Como ele diz, "a linguagem que as vítimas costumavam usar não está funcionando mais e elas estão sofrendo demais para juntar novas palavras. Então, o trabalho de colocar em palavras sua situação tem que ser feito por outra pessoa" (Rorty, 1992, p. 94). É aí que entra em cena *a* "irônica liberal" de Rorty — sempre no feminino — cuja "habilidade de visualizar e desejo de prevenir a humilhação real e possível de outrem" surgiu "associada primordialmente com a Europa e a América nos últimos trezentos anos", ou melhor, com "o poder das ricas democracias europeias e americanas de disseminar seus costumes para outras partes do mundo" (Rorty, 1992, p. 93). Realmente, ao se apoiar na "disseminação de costumes" feita pelas "ricas democracias europeias e americanas" — que, sabemos, não foi nem "disseminação" nem de "costumes", mas uma verdadeira invasão, violação e destruição das outras culturas (veja-se todo o processo de colonização mantido até hoje, na guerra com o Iraque e em inúmeras outras) — Rorty não poderia ter sido mais exemplar em sua proposta de ser porta-voz dos outros.

Voltando à Beauvoir, na quarta e última parte de seu livro, intitulada "A caminho da libertação", ela escreve um único capítulo, que trata da "mulher independente", que, para ela, é a mulher que trabalha, pois, "[f]oi pelo trabalho que a mulher cobriu em grande parte a distância que a separava do homem; só o trabalho

---

29. Haraway considera que exista sim uma fala das pessoas que sofrem, que se traduz na "perspectiva dos subjugados", embora esta não seja inocente (Haraway, 1995, p. 22). E, certamente, ela discordaria de Rorty a respeito das "bestas" sem linguagem, na medida em que critica a divisão entre o animal humano e os outros animais, especialmente quando se toma a ausência de linguagem dos últimos como o critério que justifica essa divisão. Imagino que Rancière também criticaria Rorty a esse respeito.

pode assegurar-lhe uma liberdade concreta" (Beauvoir, 1975, p. 449). Porém, Beauvoir considera que essa liberdade só seria possível "em um mundo socialista", pois, como ela argumenta,

> Em sua maioria, os trabalhadores são hoje explorados. Por outro lado, a estrutura social não foi profundamente modificada pela evolução da condição feminina; este mundo, que sempre pertenceu aos homens, conserva ainda a forma que eles lhe imprimiram. (...) A mulher que se liberta economicamente do homem nem por isso alcança uma situação moral, social e psicológica idêntica à do homem (Beauvoir, 1975, p. 450-451).

Para Beauvoir, essa situação da mulher emancipada, que não é idêntica à do homem, se caracteriza pelo conflito, pois, diferentemente do homem, cujos êxitos sociais "lhe dão um prestígio viril", a mulher que se liberta economicamente se sente dividida entre ser fêmea e ao mesmo tempo não se confinar ao papel que cabe à fêmea. Beauvoir vê esse conflito como estando relacionado ao fato de a mulher pretender "permanecer plenamente mulher"

> porque pretende também abordar o outro sexo com o máximo de possibilidades.[30] É no terreno sexual que se apresentarão os problemas mais difíceis. Para ser um indivíduo completo, igual ao homem, é preciso que a mulher tenha acesso ao mundo masculino assim como o homem tem acesso ao mundo feminino, que tenha acesso ao *outro*; somente as exigências do *outro* não são simétricas. Uma vez conquis-

---

30. Vemos aqui que a "mulher de verdade" — ou "plenamente mulher" — ressurge. E ela é heterossexual. Ainda que Beauvoir esteja sendo crítica desse conflito que a mulher vive na sociedade falocêntrica e que dedique todo um capítulo para tratar da situação da lésbica, este capítulo se insere na parte chamada de "Formação", juntamente com "a infância", "a moça", e "a iniciação sexual", e não na de "Situação", indicando que ser lésbica é um estágio no desenvolvimento da mulher mais do que uma situação vivida, como a de "mulher casada", "a mãe", "a prostituta". Essa questão retornará nos trabalhos finais de Beauvoir e até depois de sua morte. Ver, a esse respeito, o "Dossiê Simone de Beauvoir", em *Cadernos Pagu* (12), 1999, organizado por Mariza Correa, em comemoração aos 50 anos da publicação de *O segundo sexo*.

tadas, a fortuna, a celebridade apresentam-se como virtudes imanentes, podem aumentar a atração sexual da mulher; mas o fato de ser uma atividade autônoma contradiz sua feminilidade, ela o sabe. A mulher independente — e principalmente a intelectual que pensa sua situação — sofrerá, enquanto fêmea, de um complexo de inferioridade; não tem os lazeres para se consagrar à sua beleza tão atentos cuidados quanto a coquete... (Beauvoir, 1975, p. 454).

Isso, segundo Beauvoir, pode explicar por que nenhuma mulher escreveu o *Processo* ou *Moby Dick*. E também por que nenhuma mulher "se sentiu autorizada" a ter as experiências de Van Gogh que o permitiram pintar seus girassóis. Neste sentido, Beauvoir considera que

> desgraça ou *defeito físico* são muitas vezes provações fecundas: foi seu isolamento que permitiu a Emily Brontë escrever um livro forte e alucinado; em face da Natureza, da morte, do destino, não esperava socorro senão de si mesma. Rosa Luxemburgo *era feia* (sic); nunca se viu tentada a abismar-se no culto de sua própria imagem, a fazer-se objeto, presa e armadilha: desde sua mocidade foi inteiramente espírito e liberdade (Beauvoir, 1975, p. 481. Os grifos são meus).[31]

Em suma, Beauvoir propunha a igualdade, sem negar a diferença, mas, ao mesmo tempo, não colocando a diferença como podendo criar um mundo novo, diferente deste mundo que pertence aos homens. Embora também tenha sido sensível à poesia asso-

---

31. Observar que Beauvoir assume acriticamente o conceito de "mulher feia", que ela sugere mesmo como sendo um "defeito físico", sem prestar atenção à perigosa dicotomia que a cultura estabelece entre as mulheres. Talvez seja por isso que sua história pessoal, além de seu trabalho, tenha interessado tanto à psicanalista Marie-Christine Laznik, em seu livro *O Complexo de Jocasta: a feminilidade e a sexualidade sob o prisma da menopausa* (Rio de Janeiro: Editora Companhia de Freud, 2003), cujo argumento central é o de que as mulheres devem lutar com todas as armas para manterem a beleza — o baluarte de sua feminilidade. Ver minha resenha desse livro, "Dores e delícias da menopausa: o que 'a feminilidade' tem a ver com isso?" (Revista *Estudos Feministas*, v. 12, n. 1, 2004, p. 342-346).

ciada à libertação da mulher, quando cita Rimbaud no final de seu capítulo sobre a mulher independente:

> "Os poetas serão! Quando for abolida a servidão infinita da mulher, quando ela viver para ela e por ela, tendo-lhe dado baixa o homem — até agora abominável — *ela será também poeta*! A mulher encontrará o desconhecido! Divergirão dos nossos seus mundos de ideias?" (grifos meus) (Beauvoir, 1975, p. 483).

Respondendo a Rimbaud, Beauvoir considera que não seja

> certo que seus "mundos de ideias" sejam diferentes dos dos homens, posto que *será assimilando-se a eles que ela se libertará*; para saber em que medida ela permanecerá singular, em que medida tais singularidades terão importância, *fora preciso aventurar-se a antecipações muito ousadas*. O certo é que até aqui as possibilidades da mulher foram sufocadas e perdidas para a humanidade e que já é tempo, em seu interesse e no de todos, de *deixá-la* enfim correr todos os riscos, tentar a sorte (Beauvoir, 1975, p. 483, grifos meus).

Ao considerar a libertação das mulheres como significando sua "assimilação aos homens", entende-se porque Beauvoir — diferentemente de Woolf — considere que tenham sido conflitos heterossexuais que impediram as mulheres de produzir as obras de arte que os homens produziram e duvide que os mundos de ideias das mulheres sejam divergentes dos mundos de ideias dos homens, que oprimem as mulheres, e duvide também que as mulheres possam construir um mundo novo, ainda desconhecido. Em outras palavras, embora, sem dúvida, Beauvoir não negue a diferença, ela está interessada na igualdade. Igualdade com os homens, que são tomados como o padrão, ao qual é preciso se assimilar. Além disso, para ela, valorizar a singularidade das mulheres implicaria "antecipações muito ousadas", ousadia que Beauvoir não estava disposta a se arriscar, preferindo pensar na libertação das mulheres como algo que é, não apenas de seu próprio interesse, mas do "interesse de todos" e, portanto, algo que deve ser-lhes concedido — deixá-las correr riscos. Daí porque, na conclusão do livro, ela vai apelar para a "fraternidade entre homens e mulheres", a partir da famosa passagem de Marx em que ele coloca que "[a] relação imediata, natural, necessária do homem com o homem é *a relação do homem com a mulher*" (Beauvoir, 1975, p. 500. Os grifos talvez sejam de Beauvoir e não de Marx). Para ela, esse argumento de Marx sintetiza o que se pode concluir de tudo o que foi estudado em seu livro, como ela diz no último parágrafo:

> Não há como dizer melhor. É dentro de um mundo dado que cabe ao *homem* fazer triunfar o reino da liberdade; para alcançar essa suprema vitória é, entre outras coisas, necessário que, para além de suas *diferenciações naturais*, homens e mulheres afirmem sem equívoco sua fraternidade (Beauvoir, 1975, p. 500. Os grifos são meus).

O uso do masculino genérico-homem — parece se referir aqui à humanidade, mas fica a dúvida se Beauvoir não o estaria usando para se referir mesmo ao homem-macho, diante de seu argumento sobre a necessidade de assimilação das mulheres aos homens para sua libertação. O importante é observar que, mesmo criticando esse uso como sendo parte da opressão das mulheres, Beauvoir usa "homem" para se referir à humanidade ao longo de todo seu trabalho. Além disso, aqui nessa citação, esse uso é especialmente paradoxal, pois ela está falando de mulheres e homens construindo sua liberdade juntos. Usar "homem" para se referir à humanidade sugere que é ainda ao masculino que cabe a tarefa de fazer triunfar a liberdade, pois, afinal de contas, o mundo lhe pertence e é ele que vai possibilitar que se pense esse triunfo da liberdade como necessariamente incluindo as mulheres, para que juntos afirmem sua fraternidade. É também paradoxal que, justamente na conclusão de seu trabalho, Beauvoir volte a falar em "diferenciações naturais", ela que nos legou o *insight* de que nada é natural nas diferenciações entre os sexos.

Podemos entender por que Irigaray não conseguiu estabelecer um diálogo produtivo com Beauvoir, como a primeira relata em seu livro *Je, tu, nous* (*Eu, tu, nós*). Irigaray conta que, considerando *O segundo sexo* como inspirando mulheres a não se sentirem isoladas em sua opressão e a se tornarem feministas, ela enviou seu livro *O espéculo da outra mulher* à Beauvoir com uma dedicatória, como se fosse para "uma irmã mais velha". O que Irigaray esperava de Beauvoir era "uma leitura cuidadosa (...) que me ajudaria com os problemas acadêmicos e institucionais que eu estava tendo com este livro" (Irigaray, 1993, p. 10). No entanto, Beauvoir nunca respondeu, talvez — Irigaray imagina — por sua ligação com a psicanálise e sua insistência de que a liberação das mulheres vai além da igualdade entre os sexos. Como ela argumenta, "a exploração das mulheres se baseia na diferença sexual e só virá através da diferença sexual" (Irigaray, 1993, p. 12), ou seja, será preciso ousar — através da diferença —, desmontar a maquinaria que produz um sentido unívoco de verdade. Como ela coloca,

> o esforço não é de elaborar uma nova teoria onde a mulher seja *o sujeito* ou *o objeto*, mas de bloquear a própria maquinaria teórica, suspender sua pretensão à produção de uma verdade e de um sentido absolutamente unívocos. O que significa que as mulheres não querem simplesmente o que é igual aos homens no saber. Que elas não pretendem rivalizar com eles construindo uma lógica do feminino que se tomará ainda como modelo o onto-teo-lógico, mas que, ao invés disso, elas se esforcem por afastar esta questão do logos. Que elas não a coloquem, pois, sob a forma: "O que é a mulher?". Mas que, repetindo-interpretando a maneira como, no interior do discurso, o feminino se acha determinado: como falta, defeito, ou como mimetismo e reprodução invertida do sujeito, elas signifiquem que, a esta lógica *um excesso, um desarranjo*, seja possível do lado do feminino (Irigaray, 1977, p. 75-76).

Com todos esses problemas, não devemos, no entanto, nos esquecer, que, como diz Irigaray, Beauvoir foi uma inspiração para todas nós, nos ajudando a não nos sentirmos isoladas em nossa opressão e a nos tornarmos feministas.[32] Os problemas que apontei em seu trabalho estão certamente ligados ao mundo em que ela vivia, um mundo de extrema opressão da mulher, mundo que ela soube descrever e teorizar de modo que nos permitisse hoje construirmos um mundo melhor. É certo que muitos dos problemas que ela descreve em seu mundo continuam hoje a nos atormentar, por exemplo, a dificuldade de as mulheres andarem livremente nas ruas, especialmente à noite, sem serem perturbadas pelos homens. Considero que uma observação mais próxima desse problema será uma boa forma de concluirmos esse breve tratamento da construção do conceito de mulher em Beauvoir. Segundo ela,

> Com efeito, para tornar-se um criador não basta cultivar-se, isto é, integrar espetáculos e conhecimentos na vida; é preciso que a cultura seja apreendida através do livre movimento de uma transcendência. (...) Hoje, sem dúvida, a jovem sai sozinha e pode passear pelas Tulherias; mas já disse quanto a rua lhe é hostil; por toda parte olhos e mãos a vigiam; se vagabundeia irrefletidamente, com o pensamento à solta, se acende um cigarro no terraço de um café, se vai só ao cinema, um incidente desagradável não tarda; é preciso que inspire respeito pela sua aparência, pela sua maneira de vestir-se: essa preocupação prega-a ao solo, encerra-a em si mesma (Beauvoir, 1975, p. 480).

Em nossos dias, Butler faz uma análise interessante de um caso de estupro nos Estados Unidos, em que o advogado de defesa do grupo acusado do estupro pergunta à querelante: "Se você está vivendo com um homem, o que está fazendo correndo pelas ruas buscando estuprar-se?" (Butler, 1998, p. 40-41)[33]. Butler mostra que

---

32. Na apresentação do Dossiê Simone de Beauvoir, em *cadernos pagu*, Correa coloca que "essa senhora de fato merec[e] uma homenagem. O século está acabando e os feminismos deste século devem tudo, ou quase, a ela" (Correa, 1999, p. 7).

33. Fiz algumas pequenas alterações na tradução para tornar mais compreensível o argumento de Butler.

essa pergunta literalmente coloca a responsabilidade pelo estupro no "sexo" da mulher e, além disso, determina o lugar da mulher no espaço doméstico com seu homem e não no espaço público das ruas, que a estabelece "como aberta à caça".

Passemos então a considerar as construções de Freud sobre a mulher. Beauvoir se coloca explicitamente contra os argumentos e o método da Psicanálise, porém coincide com Freud ao não ver na diferença o potencial subversivo de possibilitar uma outra leitura do mundo. A fabricação do conceito de mulher em Freud, no entanto, não apenas não acredita que a mulher possa trazer um mundo de ideias novas para construir um mundo não baseado na verdade universal do capitalismo, logocentrismo e racismo, mas, pelo contrário, tal fabricação se dá trabalhando para que as mulheres e os homens que estão em atendimento psicanalítico resolvam o que ele chama de "repúdio à feminilidade" de modo a se adaptarem a esse mundo. Segundo Freud, o repúdio à feminilidade se manifesta em dois temas relacionados à diferença entre os sexos, que se destacam no trabalho de análise e dão aos analistas "uma quantidade enorme de dificuldades" (Freud, 1937, p. 268).[34] Esses temas são "a inveja do pênis nas mulheres — o esforço de ter um genital masculino — e, nos homens, a luta contra sua atitude passiva ou feminina para com outros homens" (Freud, 1937, p. 268)[35].

---

34. Nas citações dos trabalhos de Freud, estarei colocando no texto o ano em que originalmente foram escritos para se ter uma melhor ideia de como se desenvolveu sua fabricação do conceito de mulher ao longo do tempo. Ver o ano de publicação que estou usando nas referências bibliográficas.

35. Freud chama de "protesto masculino" ou "repúdio da feminilidade" nos homens no sentido de eles estarem repudiando em si mesmos "a *atitude* de passividade, ou, como podemos dizer, o aspecto social da feminilidade". Freud considera esse sentido como sendo contraditório com "a observação de que a atitude que tais homens têm diante das mulheres seja frequentemente masoquista ou até de servidão". Para ele, o que eles rejeitam não é a passividade em geral, mas a passividade em relação aos *homens*. Ou seja, o 'protesto masculino' é de fato nada mais do que o "medo da castração" (Freud, 1937, p. 271). E, para Freud, só os homens podem castrar outros homens. Consideramos que seja possível, no entanto, a partir do que Beauvoir argumenta sobre os conflitos que as mulheres emancipadas enfrentam

Ambos expressam, para Freud, o medo da castração, que deve ser resolvido em toda análise bem-sucedida, de acordo com o princípio colocado por Ferenczi, que ele cita em uma nota:

> "... em todo paciente do sexo masculino o sinal de que ele conseguiu dominar sua ansiedade de castração está se aproximando quando se percebe nele um sentido de igualdade de direitos com o analista; e toda paciente do sexo feminino, para que sua cura possa ser considerada como sendo completa e permanente, deve ter finalmente dominado seu complexo de masculinidade e se tornar capaz de se submeter sem amargura a pensar em termos de seu papel feminino (Ferenczi, 1928, p. 8)" (Freud, 1937, p. 270).

Para Freud, quando a análise chega a esses dois temas, o analista sente que sua "tarefa está cumprida", pois ele "penetrou em todos os estratos psicológicos e atingiu a pedra fundamental". Justifica esse sentimento do analista por considerar que

> ... no campo psíquico o fator biológico é realmente a pedra do fundo. O repúdio à feminilidade deve ser com certeza um fato biológico, parte do grande enigma do sexo. É difícil determinar se e quando fomos bem-sucedidos em controlar esse fator na análise. Devemos nos consolar com a certeza de que tudo que foi possível foi feito para encorajar o paciente a examinar e mudar sua atitude para com a questão (Freud, 1937, p. 271).

É realmente uma ironia o uso por Freud do masculino genérico para se referir ao encorajamento dos pacientes, quando, na verdade, quem necessita realmente de ser encorajada é a paciente mulher, que, de acordo com Ferenczi, deve "se submeter sem amargura" ao seu papel feminino numa sociedade que a marginaliza.

---

e, especialmente, a partir de observações de nosso trabalho na Delegacia de Mulheres e na Universidade, que alguns homens acreditem que as mulheres emancipadas também os possam castrar. Esse tema merece ser melhor investigado no sentido de esclarecer os caminhos da diferença e delimitação de fronteiras em nossa sociedade.

Mas o masculino genérico é realmente o que melhor expressa a teoria psicanalítica, na medida em que Freud baseou seu estudo sobre o complexo de Édipo — conceito-chave de sua teoria, que estabelece um triângulo amoroso entre a criança e seus pais — no desenvolvimento do menino. Para explicar como se dava o processo na menina, Freud inicialmente pensou que seria suficiente invertê-lo, isto é, dizer que, da mesma forma que o menino amava sua mãe e tinha ciúmes do pai, sentindo-se ameaçado por ele, a menina amava seu pai e tinha ciúmes de sua mãe e era ameaçada por ela. Mas, breve ele se deu conta de que estava lidando com uma situação mais complexa. Em primeiro lugar, a menina tinha que mudar seu primeiro objeto de amor (a mãe) para entrar na situação edipiana. Além disso, de acordo com Freud, ela tinha que "desempenhar" uma segunda "tarefa", que era mudar a zona erógena. Como ele coloca em sua palestra "Feminilidade", "com a mudança para a feminilidade o clitóris deve, totalmente ou em parte, passar sua sensibilidade, e ao mesmo tempo sua importância, para a vagina" (Freud, 1932, p. 104). Essas são as duas tarefas que a mulher tem que realizar para chegar à sua feminilidade.

Freud se refere à "mudança para a feminilidade" porque, para ele, originalmente, "a menininha é um menininho" (Freud, 1932, p. 104), pois, na "fase fálica", ela tem prazer pelo clitóris, da mesma forma que o menino o tem pelo pênis. Freud considera o clitóris como sendo um "equivalente do pênis", não importa que seja "ainda menor" que o "pequeno pênis" do menino, pois a menina ativamente busca o prazer através de sua manipulação, o que a coloca no que ele chama de "fase masculina". Com a descoberta de sua "vagina verdadeiramente feminina", a menina passará para a fase "feminina, para a qual está biologicamente destinada" (Freud, 1932, p. 105).

Freud, no entanto, não negava a complexidade de lidar com os conceitos de "masculino" e "feminino", tentando considerar os diferentes significados desses conceitos em seu uso biológico, psicológico e sociológico. Ele também reconhecia o fato de que, não importa como se especificasse o sentido em que se estava usando os termos, não seria nunca possível conter sua multiplicidade de sentidos. Além disso, ele tomou o cuidado de se referir às mulheres como sendo "aqueles indivíduos humanos que, por possuírem genitais de fêmeas, são caracterizadas como manifesta ou predominantemente femininas" (Freud, 1932, p. 104). Porém, em seu estudo da resolução do complexo de Édipo, que é diferente para mulheres e homens, ele volta a apelar para o masculino e o feminino como sendo destino.

Seu abandono de um simples paralelismo entre o menino e a menina na resolução deste complexo se deveu à atenção que Freud passou a dar ao apego pré-edipiano da menina com sua mãe, considerando a importância dessa relação como uma surpresa, "comparável em outro campo com o efeito da descoberta da civilização minoica-micênica por trás da civilização grega" (Freud, 1931, p. 195). Essa fase foi reconhecida por Freud como sendo crucial na compreensão das mulheres. Mas, para ele, essa "descoberta" não era incompatível com

> a universalidade da máxima de que o complexo de Édipo seja o núcleo da neurose. (...) Pois, por um lado, podemos estender o conteúdo do complexo de Édipo para incluir todas as relações das crianças com ambos os pais ou, por outro lado, podemos dar o devido reconhecimento à nossa nova descoberta, dizendo que as mulheres só atingem a situação normal positiva do Édipo após ultrapassarem uma primeira fase dominada pelo complexo negativo (Freud, 1931, p. 195).

Lendo o trabalho de Freud, tem-se às vezes a impressão de que a própria existência das mulheres colocava um problema para o sistema coerente que ele havia construído sobre o complexo de Édipo. As mulheres aparecem como o Outrem que denuncia os limites de seu conhecimento, de sua habilidade de compreender o "grande enigma do sexo". De nada adiantou tentar trabalhar só com "fatos observados, quase sem adições especulativas" (Freud, 1932, p. 100). O "enigma" permaneceu sem resolução e o impasse persistiu.

As feministas psicanalíticas — como eram chamadas as pensadoras que se propuseram a utilizar a Psicanálise em suas teorizações feministas — tomaram esse impasse como ponto de partida para seu trabalho. Havia, no entanto, uma diferença fundamental em sua visão sobre o trabalho que deveria ser feito. Por um lado, as feministas associadas com a teoria de relações objetais consideravam sua tarefa como sendo a continuação do trabalho que Freud deixara incompleto. Isto é, elas tentavam uma solução para o enigma explorando a "civilização por trás da civilização grega" — o período pré-edipiano e a relação entre a mãe e a filha. Ao fazerem isso, elas esperavam responder à pergunta: "O que querem as mulheres?", deixada sem resposta por Freud. Nancy Chodorow, por exemplo, escreve que as mulheres querem um filho. Segundo ela,

> As mulheres acabam por querer e necessitar relações primárias com crianças. Esses desejos e necessidades resultam de querer intensas relações primárias, as quais os homens tendem a não satisfazer, tanto por sua posição na constelação edipiana das mulheres, como por suas dificuldades com a intimidade. Os desejos das mulheres de relações primárias intensas tendem a não ser com outras mulheres, tanto pelos tabus internos e externos em relação à homossexualidade, como pela separação das mulheres de sua parente primária (especialmente a mãe) e de outras mulheres (Chodorow, 1979, p. 203-204).

Por outro lado, as feministas que se associavam à psicanálise através das leituras lacanianas de Freud consideravam que não havia resposta para essa pergunta. Ou, como Juliet Mitchell coloca,

> Todas as respostas para a pergunta, inclusive "a mãe", são falsas: ela simplesmente *deseja*. O falo — com seu *status* de potencialmente

ausente — vem se colocar como o necessariamente *ausente* objeto de desejo no nível da divisão sexual (Mitchell, 1982, p. 24).

Além disso, as feministas lacanianas não consideravam sua tarefa tentar resolver o "enigma da feminilidade". Ao contrário, elas consideravam que o fato de Freud ter chegado a esse enigma consistia em sua contribuição fundamental para o feminismo, já que "a dificuldade da feminilidade" denunciou "a natureza fragmentada e aberrante da própria sexualidade". Diversos trabalhos continuam sendo produzidos sobre essa questão, sempre tomando as ideias de Freud como fundamento.

A partir dessa breve discussão do processo de fabricação do conceito de mulher na psicanálise, entende-se por que Freud tenha iniciado uma de suas palestras sobre a feminilidade colocando as mulheres como sendo um problema, problema que, segundo ele, não seria resolvido nem pelas feministas nem pelas próprias mulheres (1932, p. 100), mas talvez pelos poetas ou pela ciência. Ele, certamente, não se referiu às poetisas. Nem à poesia que está dentro de nós, como estava dentro da Judith, irmã de Shakespeare. Nem disse que problema é esse que nós somos. Nem nos perguntou se queremos resolvê-lo, ou melhor, queremos ser "bem resolvidas", como se costuma dizer no jargão da prática psicanalítica, especialmente quando querem se referir às pessoas que não se encaixam no que essa prática considera a mulher e o homem "de verdade".

É preciso, no entanto, não esquecer "o golpe de gênio de Freud, que foi, ao mesmo tempo, seu golpe de loucura", de que nos fala Guattari, considerando como "um milagre da criação" que Freud, impregnado como estava de "concepções cientificistas" de sua época, "tenha inventado uma nova leitura dos efeitos subjetivos" através de sua escuta das histéricas, dos sonhos, dos fantasmas (Guattari, 1993, p. 203). Acredito que, da mesma forma, Marx, como mostra Leandro Konder, também impregnado do cientificismo dessa mesma época (opondo, por exemplo, ideologia e ciência), foi capaz de uma nova leitura da subjetividade, através de sua escuta do movimento operário (Konder, 1992, p. 102-103). Freud e Marx possibilitaram uma compreensão radicalmente diferente das falas das histéricas e dos trabalhadores — as primeiras denunciando o confinamento das mulheres que as sufocavam num mundo falocêntrico[36], e os segundos denunciando a exploração inerente ao capitalismo. Ambos são considerados por Foucault como "iniciadores de práticas discursivas", na medida em que "produzem não apenas seu próprio trabalho, mas a possibilidade das regras de formação de outros textos" (Foucault, 1977c, p. 131). Foucault, como ele mesmo diz, apenas esquematiza o que ele considera como caracterizando essa iniciação de práticas discursivas, mas me parece que um elemento importante nessa iniciação seja a escuta, fora dos cânones da ciência, de seres que eram considerados sem linguagem própria, como "bestas que não usam a linguagem", ou seja, Freud e Marx se abriram para a diferença e a introduziram na construção de seu próprio trabalho. Como diz Foucault, como "iniciadores de práticas discursivas", eles

> não apenas tornaram possível um certo número de analogias que poderiam ser adotadas em textos futuros, mas, o que é também importante, eles também tornaram possível um certo número de diferenças. Eles abriram espaço para a introdução de elementos outros do que os seus próprios, os quais, no entanto, permanecem dentro do campo de discurso que eles iniciaram (Foucault, 1977c, p. 132).

---

36. Ver, a esse respeito, o livro da psicanalista Emilce Dio Bleichmar, *El feminismo espontáneo de la histeria: estudio de los transtornos narcisistas de la feminidad* (Buenos Aires: Adodraf, 1985), que se pergunta:

"Cada vez que a mulher ouve falar dela, lê sobre o que ela é, estuda seu tema, fantasia seu destino, sonha seus desejos, irremediavelmente aparece o desejo sexual, a meta do orgasmo vaginal, o homem como objetivo de sua vida... Será que isto está certo, ou o mal-estar histérico reside justamente na redução da condição humana à sua sexualidade, na superposição e confusão entre feminilidade e sexualidade, entre seu ser social e seu erotismo?" (Bleichmar, 1985, p. 210).

Guattari argumenta que essa escuta diferenciada de Freud, no entanto, permaneceu sempre paralela à sua preocupação "científico-reducionista" e familista (Guattari e Rolnik, 1993, p. 203) e se pergunta como a psicanálise na prática analítica lida com as singularidades com que se depara, considerando

> *as elaborações teóricas no campo psicanalítico como modos de cartografia de formações do inconsciente ou de situações que as presentificam, e das quais não se pode fazer um mapa ou uma teoria geral.* Devemos estar sempre dispostos a guardar nossas próprias cartografias na gaveta e a inventar novas cartografias dentro da situação em que nos encontramos. No fundo, não terá sido exatamente isso que Freud fez nesse período criativo que deu origem à psicanálise? (Guattari e Rolnik, 1993, p. 204)

Infelizmente, grande parte da prática analítica atual não tem conseguido inventar novas cartografias para lidar com as singularidades, apoiando, pelo contrário, no receituário psicanalítico do que é ser mulher e ser homem em nossa sociedade e trabalhando com a teoria — sempre fora da gaveta — para adaptarem as pessoas a esses modelos. É realmente um grande perigo quando isso acontece e, embora não seja fácil, é preciso que se denuncie o que tem acontecido a esse respeito em vários consultórios de psicanalistas — mulheres e homens.[37]

Finalmente, tratarei agora mais especificamente do trabalho de Foucault como fonte de inspiração para a desconstrução do conceito de mulher. Considero seu trabalho uma fonte de inspiração na luta contra o preconceito, principalmente pelo método da genealogia, de que falamos acima e pelo tratamento que ele possibilita da diferença como mote contínuo desse trabalho. Em sua ge-

---

37. Ver, a esse respeito, meu ensaio "Era uma vez... uma análise" (*Cadernos pagu* (20) 2003, p. 205-216), em que narro minha própria experiência com uma prática analítica que tentou impor sua própria cartografia, não respeitando minha singularidade. É importante dizer que a publicação desse artigo gerou uma grande polêmica e, inclusive, teve sua publicação recusada pela Revista *Estudos Feministas*.

nealogia, a diferença aparece como "um puro acontecimento" (Foucault, 1977b, p. 182) e não como diferença *de* algo ou *dentro de* algo, nem como um mero agrupamento de elementos comuns que tomam a identidade como referência. Essa noção de acontecimento, conforme Foucault a coloca n' *A ordem do discurso*,

> não é da ordem dos corpos. Entretanto, ele não é imaterial; é sempre no âmbito da materialidade que ele se efetiva, que é efeito; ele possui seu lugar e consiste na relação, coexistência, dispersão, recorte, acumulação, seleção de elementos materiais; não é o ato nem a propriedade de um corpo; produz-se como efeito de e em uma dispersão material (Foucault, 1996, p. 57-58).

Um belo poema de Orides Fontela, *Coruja*, capta bem a relação do acontecimento com a diferença:

> Voo onde ninguém mais — vivo em luz mínima
> ouço o mínimo arfar — farejo o sangue
> e capturo
> a presa
> em pleno escuro.

Segundo a própria Orides, trata-se aqui de "uma poética totalmente concreta", que não tem nada a ver com seus primeiros poemas, que ela considera como sendo "sublimes demais", pairando nas nuvens. É preciso, como diz Foucault, libertar a diferença das amarras de uma origem essencial que ignora o movimento da história, através de

> um pensamento sem contradição, sem dialética, sem negação; pensamento que aceita divergência; pensamento afirmativo cujo instrumento é a disjunção; pensamento do múltiplo — da multiplicidade nomádica e dispersa que não é limitado ou confinado pelos constrangimentos da semelhança; pensamento que não se conforma a um modelo pedagógico (a falsidade das respostas preparadas), mas que ataca problemas insolúveis (Foucault, 1977b, p. 185).

O sentido da história para Nietzsche, como mostra Foucault, "transpõe a relação comumente estabelecida entre a irrupção de um acontecimento e a continuidade necessária". Em vez de "dissolver o acontecimento singular numa continuidade ideal", como faz a história tradicional, a "história efetiva", de Nietzsche

> faz ressurgir o acontecimento em termos de suas características únicas e agudas. O acontecimento, deve-se entendê-lo não como uma decisão, um tratado, um reinado, ou uma batalha, mas como a reversão de uma relação de forças, a usurpação do poder, a apropriação de um vocabulário que se vira contra aqueles que o estavam usando, uma dominação que se enfraquece, que se envenena, se distendendo, a entrada de um "outro" mascarado. As forças que operam na história não obedecem nem a uma destinação, nem a uma mecânica, mas ao acaso da luta (Foucault, 2001, p. 1.016).

A diferença tem a ver com os processos de singularização, de que fala Guattari, singularização e não individualização. Enquanto esta última é um dos baluartes da sociedade capitalista e liberal na medida em que isola os indivíduos de modo a se tornarem bons consumidores, a primeira coloca em risco esta mesma sociedade, na medida em que diz respeito à criatividade presente em cada ser humano, às suas possibilidades de criar um mundo novo.[38] Daí porque o nascimento de uma criança é tão emocionante, como nos lembra Nietzsche:

---

38. Guattari conta que tinha proposto o título "Cultura de massa e singularidade" para um debate na *Folha de S. Paulo* e que "o título reiteradamente anunciado foi 'Cultura de massa e individualidade' — e talvez esse não seja um mero problema de tradução. Talvez seja difícil ouvir o termo *singularidade* e, nesse caso traduzi-lo por *individualidade* me parece colocar em jogo uma dimensão essencial da cultura de massa... [que] produz exatamente indivíduos; indivíduos normalizados, articulados uns aos outros segundo sistemas hierárquicos, sistemas de valores, sistemas de submissão — não sistemas de submissão visíveis e explícitos... mas dissimulados" (Guattari e Rolnik, 1993, p. 16).

Inocência é a criança, e esquecimento, um começar-de-novo, um jogo, uma roda rodando por si mesma, um primeiro movimento, um sagrado dizer-sim.

Sim, para o jogo de criar... *sua* vontade quer agora o espírito, *seu* mundo ganha para si o perdido do mundo.

Dentro dessa lógica de criação e singularidade, Guattari vê o feminismo como sendo "portador de um devir":

> O feminismo... não coloca só o problema do reconhecimento dos direitos da mulher em tal ou qual contexto profissional ou doméstico. Ele é portador de um devir feminino que diz respeito não só a todos os homens e às crianças mas, no fundo, a todas as engrenagens da sociedade. Aí não se trata de uma problemática simbólica — no sentido da teoria freudiana, que interpretava certos símbolos como sendo fálicos e outros maternos — e sim de algo que está no próprio coração da sociedade e da produção material. Eu o qualifico de devir feminino por se tratar de uma economia do desejo que tende a colocar em questão um certo tipo de demarcação, que faz com que se possa falar de um mundo dominado pela subjetividade masculina, no qual as relações são justamente marcadas pela proibição desse devir. Em outras palavras, não há simetria entre uma sociedade masculina, masculinizada, e um devir feminino (Guattari e Rolnik, 1993, p. 73).

A diferença está aí, como acontecimento, nesse colocar em questão a demarcação de fronteiras que proíbe o devir feminino numa sociedade masculinizada: "Proibido ultrapassar! Punição para quem transgredir!"

Foucault, nessa mesma linha de pensamento, vê os movimentos feministas contemporâneos como aceitando o desafio de assumirem a diferença, ou seja, a "singularidade e especificidade de seu sexo", como ele afirma em uma entrevista a Bernard Henri-Lévy, publicada originalmente em *Le nouvel observateur* (12/03/1977).

Durante muito tempo se tentou fixar as mulheres à sua sexualidade. "Vocês são apenas o seu sexo", dizia-se a elas há séculos. E este sexo, acrescentaram os médicos, é frágil, quase sempre doente e sempre indutor de doença. "Vocês são a doença do homem". E este movimento muito antigo se acelerou no século XVIII, chegando à patologização da mulher: o corpo da mulher torna-se objeto médico por excelência. Tentarei mais tarde fazer a história desta imensa "ginecologia", no sentido amplo do termo.

Ora, os movimentos feministas aceitaram o desafio. Somos sexo por natureza? Muito bem, sejamos sexo mas em sua singularidade e especificidade irredutíveis. Tiremos disto as consequências e reinventemos nosso próprio tipo de existência, política, econômica, cultural... Sempre o mesmo movimento: partir desta sexualidade na qual se procura colonizá-las e atravessá-la para ir em direção a outras afirmações (Foucault, 1979, p. 234).

Atravessar as fronteiras e sair do lugar em que se procuram fixar as mulheres para afirmar a diferença. Assentar novas fronteiras.

A intenção que Foucault menciona de fazer a história da ginecologia que transforma o corpo da mulher em "objeto médico por excelência" pode estar relacionada ao projeto que ele expõe no primeiro volume de *A história da sexualidade, a vontade de saber*, publicado em 1976, havendo entre os cinco volumes "em preparação" um volume que trataria especificamente de "a mulher, a mãe e a histérica". Como Foucault esclarece em 1984, quando publicou dois novos volumes, tal projeto seria estudar como havia se constituído a noção de uma "experiência" da "sexualidade", noção que nos é familiar, mas que, segundo Foucault, só aparece no início do século XIX. Para estudar a sexualidade como essa noção de uma experiência histórica, Foucault modificou seu projeto inicial, para se dedicar ao estudo da genealogia do sujeito desejante, passando, da época moderna, para além do cristianismo até a Antiguidade. A nova coleção passou então a ter quatro volumes: além de *A vontade de saber* (volume 1), publicado em 1976, *O uso dos prazeres* (volume 2), e *O cuidado de si* (volume 3), ambos publicados em 1984, ano de sua morte. O quarto volume, *As confissões da carne*, que estudaria os primeiros séculos do cristianismo, não foi publicado. Nesses dois últimos volumes publicados, Foucault mostra como na Antiguidade havia uma "dissimetria muito particular [na] reflexão moral sobre o comportamento sexual" que dizia respeito ao constrangimento extremamente rígido das mulheres. Como ele escreve,

> É uma moral de homens; uma moral pensada, escrita, ensinada por homens e endereçada a homens, evidentemente livres. Moral viril, consequentemente, onde as mulheres não aparecem a não ser a título de objetos ou, no máximo, como parceiras que convém formar, educar e vigiar, quando se as tem sob seu poder, e das quais em compensação, se deve abster, quando elas estão sob o poder de um outro (pai, marido, tutor). Este é sem dúvida um dos pontos mais notáveis dessa reflexão moral: ela não trata de definir um campo de conduta e um domínio de regras válidas — segundo modulações necessárias — para os dois sexos; é uma elaboração da conduta masculina feita do ponto de vista dos homens e para dar forma à sua conduta (Foucault, 1984a, p. 29).

Toda a discussão de Foucault em torno de *A história da sexualidade* mostra sua importância para o entendimento do conceito de mulher através dos tempos, chamando atenção para o mundo que pertencia aos homens no qual as mulheres viviam e vivem. Esse aspecto do total silenciamento das mulheres na Antiguidade, a ponto de não haver para elas sequer a elaboração de normas, é uma triste constatação da posição que as mulheres têm ocupado através dos séculos. Mas é no primeiro volume, *A vontade de saber*, que Foucault dá sua principal contribuição para a teorização feminista ao tratar do saber sobre o sexo em termos de poder. Suas dúvidas sobre a hipótese de repressão do sexo têm como objetivo entender como e por quê o sexo é colocado em discurso — por que se fala de sexo — e, como ele escreve, saber sob que formas, através de que canais, fluindo através de que discursos o poder consegue chegar às mais tênues e mais individuais das condutas. Que caminhos lhe permitem atingir as formas raras ou quase imperceptíveis do desejo, de que maneira o poder penetra e controla o prazer cotidiano (Foucault, 1977a, p. 16).

Foucault argumenta que falar do sexo tem a função de administrá-lo, por exemplo, com as técnicas de poder sobre a "população", noção que surge no século XVIII "como problema econômico e político" (Foucault, 1977a, p. 28). Como ele mostra,

> Através da economia política da população forma-se toda uma teia de observações sobre o sexo. Surge a análise das condutas sexuais, de suas determinações e efeitos, nos limites entre o biológico e o econômico. Aparecem também as campanhas sistemáticas que, à margem dos meios tradicionais — exortações morais e religiosas, medidas fiscais — tentam fazer do comportamento sexual dos casais uma conduta econômica e política deliberada. Os racismos dos séculos XIX e XX encontrarão nelas alguns de seus pontos de fixação (Foucault 1977a, p. 29).

Como Foucault diz em um dos seus últimos escritos, "O sujeito e o poder", seu interesse pelo fenômeno do poder se dava no sentido de "criar uma história dos diferentes modos que em nossa cultura os seres humanos são feitos sujeitos" (Foucault, 1983, p. 208), buscando entender as relações de poder através do estudo das formas de resistência e das tentativas de dissociar essas relações (idem, p. 211). Foucault diferencia o poder da violência e também da luta, que ele considera, na melhor das hipóteses, como sendo apenas instrumentos do poder. Diferentemente da relação de poder, que ele define como um modo de ação que não age diretamente sobre os outros, mas sobre suas ações, "a relação de violência age sobre um corpo ou sobre as coisas; ela força, ela dobra, ela quebra, ela destrói, ou ela fecha a porta a todas as possibilidades. Seu oposto só pode ser a passividade, e, se ela encontra alguma resistência, ela não tem outra opção que não seja minimizá-la" (Foucault, 1983, p. 220). Por outro lado,

> o exercício do poder incita, induz, seduz, torna mais fácil ou mais difícil; no limite, constrange ou proíbe absolutamente; é, no entanto, sempre um modo de *agir sobre um sujeito que age ou sujeitos que agem, em virtude de seu agir ou sua capacidade de ação.* Um conjunto de ações sobre outras ações. (...) O problema crucial do poder não é o da servidão (como poderíamos querer ser escravos?). No próprio coração da relação de poder, e constantemente o provocando, estão a recalcitrância da vontade e a intransigência da liberdade. Ao invés de falar em uma liberdade essencial, seria melhor falar em "agonismo" — de uma relação que é ao mesmo tempo incitação recíproca e luta; menos uma confrontação face a face que paralisa ambos os lados, do que uma permanente provocação (Foucault, 1983, p. 220-222, grifos meus).

É esse estudo que Foucault faz do poder como ação sobre sujeitos que agem e que, ao mesmo tempo, nos transforma nesses sujeitos agentes, que me parece fundamental para as teorias feministas. Há, no entanto, uma última contribuição de Foucault para nossas teorizações, que é sua proposição da "amizade como modo de vida". Ortega trata desse tema em seu livro, que propõe "uma política da amizade". Amizade que não é fraternidade, pois, como Ortega argumenta,

> [o] conceito humanitário de fraternidade revela um extraordinário poder discriminatório. O seu suposto universalismo encontra-se dentro de uma lógica exemplarista que reflete as estratégias de políticas nacionalistas, patriotas, chauvinistas, etnocêntricas (Ortega, 2000, p. 62).

Amizade que tampouco é simples solidariedade, pois suspeito que esta possa facilmente se transformar em assistencialismo na medida em que não rompe a ordem que separa dois grupos desiguais, ou melhor, na medida em que não verifica a igualdade no processo de visualização e assentamento de fronteiras.

Considero essa contribuição de Foucault sobre a amizade — que ele, infelizmente, não pôde desenvolver — como podendo fundar uma metodologia para o feminismo no seu combate ao preconceito, na medida em que, como mostra Ortega, para Foucault, "falar de amizade é falar de pluralidade, experimentação, liberdade, desterritorialização" (Ortega, 2000, p. 89). Trataremos mais da amizade na última parte deste trabalho.

2
Teoria feminista
As (des)construções dos conceitos pelas mulheres

Inventons vite nos phrases[39]

Luce Irigaray

Encontrem a musa dentro de vocês. Desenterrem a voz que está soterrada em vocês. Não a falsifiquem, não tentem vendê-la por alguns aplausos ou para terem seus nomes impressos.

Gloria Anzaldúa

Meu caminho não podia ser fácil. Pra mulher pobre jamais foi fácil. Eu sou feminista desde a adolescência. Desde o dia em que meu pai disse: "Quando você casar, vai obedecer ao seu marido", e eu respondi: "Não vou casar de jeito nenhum".

Orides Fontela

Diferentemente de Beauvoir, que não quis (ou não pôde) em sua época ousar aventurar-se no que significa a singularidade das

---

39. *Inventemos depressa nossas frases.*

mulheres no mundo capitalista, falocêntrico e racista, considero que o que melhor caracteriza a prática e a teoria feministas contemporâneas seja exatamente essa ousadia. E isso tem a ver com a afirmação da diferença, a abertura para a poesia, a literatura, a arte, enfim, em nossas teorizações. E também abertura para o desejo, não o desejo no sentido psicanalítico, de volta a uma situação prazerosa vivida anteriormente, mas desejo que Guattari propõe chamar "todas as formas de vontade de viver, vontade de criar, vontade de amar, vontade de inventar outra sociedade, outra percepção do mundo, outros sistemas de valor" (Guattari e Rolnik, 1993, p. 215). Desejo e política tecidos juntos, pois, de acordo com Guattari, "o desejo permeia o campo social, tanto em práticas imediatas, quanto em projetos muito ambiciosos" (1993, p. 215). Imagino que quando Virginia Woolf concluiu seu livro dizendo que a poesia de Judith, a irmã de Shakespeare, estava viva em nós, entre as outras coisas que diz, ela quis dizer que precisamos continuar a escrever numa linguagem como poesia, uma linguagem que desconstrua os conceitos que foram construídos em nossa sociedade. A descontrução passa a ser uma ferramenta-chave do feminismo e, talvez por isso, em nossas aulas sobre a teoria feminista, as pessoas geralmente estranhem a linguagem ao entrar em contato com nossos textos. Essa linguagem nova não é uma linguagem comum — no duplo sentido de que não é a linguagem do dia a dia nem uma linguagem de todas as mulheres. Esta última, com a qual sonhamos no início do feminismo, era, na verdade, a linguagem das mulheres burguesas, e, como mostra Haraway, se tornou um pesadelo e o silenciamento de muitas mulheres.

Por isso, a contribuição das mulheres não brancas (*women of colour*) em sua maioria lésbicas, nos Estados Unidos, na década de 1980, foi inestimável nesse processo de desconstrução, ao criticarem o racismo, a homofobia e o colonialismo nas produções das mulheres intelectuais brancas do Primeiro Mundo (e de nós mesmas, feministas do Terceiro Mundo, que com estas últimas nos identificávamos). Elas propuseram uma escrita que contivesse uma linguagem nova, como poesia, uma linguagem que se recusasse a se adaptar pura e simplesmente às regras da instituição universitária e, sobretudo, que estivesse atenta às relações de poder presentes nessa instituição. Tal linguagem poderia funcionar como resistência nessas relações, como propõe Anzaldúa em sua "Carta para as mulheres escritoras do terceiro mundo", publicada na revista *Estudos Feministas*, em homenagem aos vinte anos de publicação da coletânea *This bridge called my back*, em 1981, que Anzaldúa coeditou com Cherríe Moraga. Como escreve Anzaldúa,

> ...muitas de nós — mulheres de cor que dependuramos diplomas, credenciais e livros publicados ao redor dos nossos pescoços, como pérolas às quais nos agarramos desesperadamente — arriscamos estar contribuindo para a invisibilidade de nossas irmãs escritoras. "La vendida", a vendida.
> (...) Como nos atrevemos a sair de nossas peles? Como nos atrevemos a revelar a carne humana escondida e sangrar vermelho como os brancos? É preciso uma enorme energia e coragem para não aquiescer, para não se render a uma definição de feminismo que ainda torna a maioria de nós invisíveis (Anzaldúa, 2000, p. 231).

Em sua introdução ao debate sobre o conceito de "consciência mestiça" de Anzaldúa, que ela desenvolveu em seu livro *Borderlands/La frontera: The New mestiza*, publicado em 1987, Costa e Ávila fazem uma excelente exposição sobre o "feminismo da diferença" nos Estados Unidos. Elas mostram que o feminismo da diferença francês, do qual faz parte Irigaray, "teve o efeito de intensificar o então discurso dominante da diferença de gênero e de sua estrutura binária" nos Estados Unidos (Costa e Ávila, 2005, p. 692). De acordo com elas, foram as intervenções das feministas não brancas, como Anzaldúa, que possibilitaram ao feminismo sair dessa estrutura binária, que privilegiava a diferença sexual, e abrir espaços para se considerar as diferenças múltiplas entre as mulheres, dentro de uma "abordagem interseccional, a qual expandiu o conceito de gênero e passou a formulá-lo como parte do conjunto heterogêneo das relações móveis, variáveis e transformadoras do campo social" (Costa e Ávila, 2005, p. 693).

Em 1974, Luce Irigaray publicou *Speculum de l'autre femme* (*Espéculo da outra mulher*). Como se sabe, o espéculo é aquele instrumento introduzido na vagina da mulher para visualizar seu aparelho genital. A ideia desse importante e polêmico livro é, segundo Irigaray, "introduzir um espéculo no livro para alterar sua economia, de modo a fazer fracassar a montagem da representação segundo os parâmetros masculinos". Ao mesmo tempo, como Irigaray escreve,

"A/uma mulher jamais se encerra [re(n)ferme] num livro".

O livro é importante porque Irigaray escreve numa linguagem nova, que tenta driblar a linguagem falocêntrica e fazer uma performance da diferença, utilizando o espéculo, instrumento de manutenção do poder médico sobre o corpo das mulheres e do qual as feministas americanas se apropriaram para usá-lo em seus grupos de reflexão. E o livro é polêmico porque essa linguagem nova sobre a diferença custou a Irigaray problemas com a instituição psicanalítica e com a universidade, que reagiram contra ela, através da exclusão e da marginalização. Acredito que esse acontecimento se deva menos ao privilégio da diferença de gênero, de que falam Costa e Ávila, do que ao entendimento da diferença no sentido mais amplo de atravessar fronteiras. Ou seja, a reação de hostilidade ao livro de Irigaray se deve à sua linguagem. É essa linguagem que assenta e visualiza fronteiras que ameaça as instituições e da qual elas precisam se defender.

Por isso, a universidade resiste a ela e o que vemos é um certo isolamento das teorizações feministas, como mostra Costa, se referindo às instituições acadêmicas nos Estados Unidos, onde o "código diferente" das produções de mulheres na teoria feminista "passam desapercebidas ou são desconhecidas" (Costa, 2002, p. 65). Recentemente, num debate sobre os novos caminhos da Universidade, após a palestra do professor Boaventura de Sousa Santos, levantei a questão de se as produções feministas, que ele tinha mencionado como um dos aspectos revolucionários do mundo contemporâneo, deveriam permanecer apenas por conta das mulheres feministas, e sua resposta, ao ler minha pergunta, foi simplesmente uma interjeição — Humm!!!... — se referindo, provavelmente, à impertinência de uma pergunta como aquela num debate onde havia questões mais "gerais" a serem discutidas.

Nesta última parte do livro, tratarei do que considero como os principais conceitos criados pelas feministas para darem conta do preconceito contra a mulher, ou melhor, veremos como a teorização feminista desconstrói conceitos que servem de base para a manutenção do preconceito — gênero, identidade, diferença e experiência — transformando-os em seus próprios conceitos em sua luta. Veremos como eles remetem uns aos outros e que é importante manter essa inter-relação entre eles.

Começaremos com o conceito de gênero, que vem perturbar as certezas da ciência sobre sexo e sexualidade. Nos estudos feministas, esse conceito foi inicialmente proposto por Gayle Rubin, num artigo publicado em 1975, numa coletânea organizada por Rayna Reiter, com o título *Toward an antropology of women* (*Por uma antropologia de mulheres*). O livro foi publicado em Nova York, costa leste dos Estados Unidos. Na mesma época, em 1974, em Stanford, na costa oeste, outra coletânea importante é publicada: *Woman, culture & society* (*Mulher, cultura e sociedade*), organizada por Michelle Rosaldo e Louise Lamphere. Vários artigos nessa última coletânea tratam de como a oposição público/privado sustenta o preconceito contra a mulher.

A grande importância do trabalho de Rubin foi definir o conceito de "sistema de sexo/gênero", que ela considera como sendo um conjunto de arranjos [presente em toda sociedade] através do qual a matéria-prima biológica do sexo e procriação humana é modelada pela intervenção social humana e satisfeita de uma forma convencional, não importa quão bizarras algumas dessas convenções possam ser (Rubin, 1975, p. 165).

A expressão "identidade de gênero", como nos mostra Haraway em seu artigo escrito especificamente sobre a palavra "gênero" foi proposta pelo psicanalista Robert Stoller no Congresso Internacional de Psicanálise, em Estocolmo, em 1963, a partir dos dados de um projeto de pesquisa constituído em 1958 no Centro Médico para o Estudo de Intersexuais e Transexuais, da Universidade da Califórnia, em Los Angeles (UCLA). O conceito de identidade de gênero vinculava o sexo à biologia (hormônios, sistema nervoso etc.) e o gênero à cultura, considerando o trabalho desta última sobre a primeira. Haraway tem alertado para o perigo de se cair em uma nova dicotomia, e, além disso, de se manter "o discurso de identidade de gênero como sendo intrínseco às ficções de coerência heterossexual", como argumenta Butler, perdendo-se todo o potencial que o conceito abre para construir narrativas "para todo um conjunto de gêneros não coerentes" (Haraway, 2004b, p. 219). Assim como Haraway, Butler tem mostrado como a relação sexo e gênero é complexa e que gênero não é um simples atributo que vem substituir sexo. Para elas, gênero não é um substantivo, mas um verbo, como coloca Butler,

> *gênero* não é um substantivo, mas também não é uma série de atributos vagos, pois vimos que o efeito substancial do gênero é performativamente produzido e obrigado pelas práticas reguladoras da coerência de gênero. Assim, no discurso herdado da metafísica da substância, o gênero prova ser performativo — isto é, constituindo a identidade que se propõe que ele seja. Neste sentido, gênero é sempre um ato, embora não um ato feito por um sujeito que possa ser considerado como preexistindo o ato (Butler, 1990, p. 24-25).

Pode-se perceber a virada que o conceito de gênero possibilitou ao ser pensado, não como um simples atributo, ligado ao sexo, que, hoje em dia, pode ser visto nos primeiros meses de vida do bebê através do ultrassom — "olha o pintão do Pedro!", como disse entusiasmado o médico para o casal — mas como sendo "performativamente produzido" por práticas reguladoras — inclusive o comentário entusiasmado do médico — permanentemente reiteradas.

Essa visão do gênero como sendo desagarrado do sexo nos conduz diretamente ao segundo conceito — identidade. Realmente, para uma visão sem crítica, o sexo pode ser considerado como o atributo mais conspícuo da identidade da pessoa, de quem ela é, para usarmos a definição operacional de Antonio Ciampa, que considera a identidade como sendo a resposta à pergunta "Quem sou eu?" A gente logo "vê" que uma pessoa é mulher ou homem. Assim como vê se ela é branca ou negra, ou pobre ou rica, embora haja muitas pessoas que "passem" pelo que "não são", ou melhor, que não sejam o que as pessoas as veem como sendo — o travesti e as pessoas que são vistas como brancas, mas, na realidade são mestiças. A própria noção de "passar por" (*passing*, em inglês, que é uma noção importantíssima nos Estados Unidos principalmente em relação à raça)[40] já indica a instabilidade do conceito de identidade e sua permanente ligação com o conceito de diferença.

---

40. Podemos considerar *passing* como um acontecimento através do qual as pessoas negam seu pertencimento a um grupo dominado, geralmente de não brancos, e se identificam com o grupo dominante, de brancos, com base em sua aparência semelhante às das pessoas desse grupo. Esse acontecimento se dá diferentemente no Brasil e nos Estados Unidos, pelo fato de a definição de raça e cor no Brasil se apoiar na aparência (fenótipo) e, em grande medida, na classe social da pessoa, e nos Estados Unidos se apoiar no "sangue" (genótipo). Uma lei estadual norte-americana, de 1970, por exemplo, definiu que eram negras as pessoas com 1/32 de sangue negro, mesmo que essas pessoas tivessem a aparência de brancas (Omi e Winant, 1994, p. 53). *Passing* é, portanto, um modo de lidar com a diferença e com a visualização e assentamento de fronteiras. Em seu trabalho "Passing, queering: nella lLarsen's psychoanalytic challenge", Butler analisa como uma personagem do romance *Passing*, de Larsen, "passa não apenas porque tem pele clara, mas porque ela se recusa a

Trinh Minh-ha considera que a diferença seja o que "solapa a própria ideia de identidade, diferindo infinitamente as camadas de totalidade que formam o Eu" (Trinh, 1988, p. 72). Segundo ela, argumentando na mesma linha de Foucault, a diferença não deve ser usada como "um instrumento de segregação para exercer o poder na base de essências raciais e sexuais". A diferença, na verdade, é "um instrumento de criatividade para questionar múltiplas formas de repressão e dominação" (Trinh, 1988, p. 73). A diferença, portanto, não separa dois grupos — um dominado e um dominante: mulheres/homens, pretos/brancos, homossexuais/heterossexuais — mas ela assenta fronteiras. Como diz, poeticamente, Trinh:

> No momento em que a nativa (*insider*) dá um passo para fora, ela não é mais uma mera nativa (*insider*). Ela necessariamente visualiza a partir de fora ao mesmo tempo que olha para fora a partir de dentro. Não sendo bem a mesma, nem bem outra, ela fica nesse limiar indeterminado onde ela constantemente oscila entre o dentro e o fora. (...) Ela é, em outras palavras, essa inapropriada outra ou mesma que se movimenta com pelo menos dois gestos: o de afirmar "Eu sou como você", enquanto persiste em sua diferença e o de não ignorar "Eu sou diferente" enquanto desmantela toda definição de alteridade feita até então (Trinh, 1988, p. 76).

Embora não possamos prescindir da noção de identidade, especialmente quando estamos tratando de movimentos políticos de luta contra o preconceito, essa noção deve ser permanentemente desconstruída, o que, como argumenta Butler, "estabelece como políticos os próprios termos através dos quais ela é articulada" (Butler, 1990, p. 148).

Mouffe vai mais além e argumenta que "as condições que regem a constituição de toda identidade são a afirmação de uma

---

introduzir sua negritude na conversa, e assim retira a marca conversacional que poderia contrariar a pressuposição hegemônica de que ela seria branca" (Butler, 1993, p. 171).

diferença" (Mouffe, 1999b, p. 269). Utilizando a ideia de "exterior constitutivo", inspirada no trabalho de Derrida, Mouffe argumenta que "é impossível distinguir completamente o interior do exterior e toda identidade se desestabiliza irremediavelmente por seu 'exterior'" (Mouffe, 1999b, p. 271). Ela considera que

> Uma vez que tenha sido compreendido que toda identidade se estabelece por relação e que a condição de existência de toda identidade é a afirmação de uma diferença, a determinação de algum "outro", e que este outro funciona como seu "exterior", é possível compreender o surgimento do antagonismo (Mouffe, 1999b, p. 269).

Mouffe argumenta que, diferentemente de uma visão liberal, é preciso reconhecer esse antagonismo e não negar "que toda definição de um 'nós' implica a delimitação de uma 'fronteira' e a designação de um 'eles'. Essa definição de um 'nós' sempre acontece, portanto, em um contexto de diversidade e conflito" (Mouffe, 1999a, p. 42-43). E é com esse antagonismo que construímos a democracia radical que Mouffe propõe, ou seja, não com identidades estáveis, mas com a diferença, através do assentamento e visualização de fronteiras.

Finalmente, trataremos da experiência, na qual se apoia amplamente o preconceito. O que é paradoxal em relação ao preconceito é que seu sentido de ser "um conceito ou opinião formados antecipadamente, sem maior ponderação ou conhecimento dos fatos" sempre se apoia de alguma forma na autoridade da experiência, como vimos em Espinosa. Realmente, a experiência parece nos mostrar que as pessoas contra as quais temos preconceito, isto é, contra as quais formamos ideias preconcebidas, sem conhecimentos dos fatos, são pessoas que ocupam posições de exclusão na sociedade. São pessoas geralmente desvalorizadas, dominadas, que sofrem todo tipo de discriminação, com as quais não nos identificamos ou, pelo menos, não gostaríamos de nos identificar. São, enfim, o outrem de nós, "bestas sem linguagem". O que é paradoxal nisso está na forma como concebemos a experiência, como algo incontestável porque apoiada em fatos e, mais importante, porque vivida diretamente pelo sujeito, o que lhe dá a autoridade de afirmar com certeza sobre a existência das pessoas, colocando-as em categorias — mulher/homem, homossexual/heterossexual, preto/branco etc.

No entanto, como mostra Joan Scott, experiência não é um termo inocente e está amarrada ao conceito de identidade, além de ter um papel importante na escrita da história da diferença. O argumento central de Scott, que é historiadora, é que tomar a experiência como evidência torna o fato da diferença também evidente, "ao invés de uma maneira de explorar como se estabelece a diferença, como ela opera, como e de que forma ela constitui sujeitos que veem e agem no mundo" (Scott, 1999, p. 26). Não basta, portanto, apenas afirmar a diferença ou torná-la evidente através da experiência, pois, como escreve Scott, esclarecendo seu argumento,

> Tornar visível a experiência de um grupo diferente expõe a existência de mecanismos repressores, mas não seu funcionamento interno ou sua lógica; sabemos que a diferença existe, mas não a entendemos como constituída relacionalmente. Para tanto, precisamos dar conta dos processos históricos que, através do discurso, posicionam sujeitos e produzem suas experiências. *Não são os indivíduos que têm experiência, mas os sujeitos é que são constituídos através da experiência.* A experiência, de acordo com essa definição, torna-se, não a origem de nossa explicação, não a evidência autorizada (porque vista ou sentida) que fundamenta o conhecimento, mas sim aquilo que buscamos explicar, aquilo sobre o qual se produz conhecimento. Pensar a experiência dessa forma é historicizá-la, assim como as identidades que ela produz (Scott, 1999, p. 27, grifos meus).

Mas, como podemos historicizar a experiência? Como a própria Scott pergunta, de modo a "escrever sobre a identidade sem essenciá-la" (Scott, 1999, p. 40)? Sua resposta nos interessa sobremaneira porque ela se refere ao conceito de diferença tal como o temos estudado ao longo deste trabalho, isto é, ela traz a necessidade de nos perguntarmos sobre o acontecimento linguístico que é a experiência, que constitui o sujeito em sua diferença. Como ela escreve,

> Sujeitos são constituídos discursivamente, a experiência é um acontecimento linguístico (não acontece fora de significados estabelecidos), mas não está confinada a uma ordem fixa de significados. Já que o discurso é, por definição, compartilhado, a experiência é coletiva assim como individual. Experiência é uma história do sujeito. A linguagem é o local onde a história é encenada. A explicação histórica não pode, portanto, separar as duas (Scott, 1999, p. 42).[41]

Para Scott, a questão passa, então, a ser a de descobrir a forma de analisar a linguagem, valorizando a literatura, indo em busca do literário, pois esse tipo de análise favorece o entendimento do processo de mudança. É que um elemento importante nesse tipo de análise é a indecibilidade — o abandono da necessidade de resolução entre duas ou múltiplas possibilidades que se abrem com o acontecimento. Scott chama isso de uma experiência de "conversão", de um momento de "epifania", depois do qual a pessoa passa a ver de forma diferente, com clareza (que não deve ser confundida com transparência, pelo contrário). Clarice Lispector gosta de usar "epifania" para falar dos acontecimentos em sua escrita. Em "Amor", por exemplo, Ana, uma dona de casa de classe média, um dia, depois de ver um cego mascando chicletes, vai parar no Jardim Botânico e, ao atravessar os portões, se depara com

> um mundo de se comer com os dentes, um mundo de volumosas dálias e tulipas. Os troncos eram percorridos por parasitas folhudas,

---

41. Fiz uma pequena alteração na tradução, consultando o original em *Feminists theorize the political (Feministas teorizam o político)*, a coletânea importante organizada por Butler e Scott e publicada em 1992 (New York and London: Routledge).

o abraço era macio, colado. Como a repulsa que precedesse uma entrega — era fascinante, a mulher tinha nojo, e era fascinante. (...) A moral do jardim era outra. ... E por um instante a vida sadia que levara até agora pareceu-lhe um modo moralmente louco de viver (Lispector, 1994, p. 36-37).

Mas acredito que esse "literário" de que fala Scott esteja presente em toda arte. Na verdade, a arte é feita desses momentos de epifania, de "tornar visível", como diz Paul Klee.

O belíssimo ensaio de Haquira Osakabe, "Esse pudor excessivo...", no número especial de *Cadernos Pagu*, "corporificando gênero", organizado por Adriana Piscitelli e Maria Filomena Gregori, indica a necessidade de abrirmos mão da busca de resolução, especialmente quando estamos tratando da experiência de gênero. Através da leitura dos poemas de seu amigo Álvaro Pinto Sobrinho, numa tentativa de "imprimir com mais força as tênues pegadas que involuntariamente ele deixou apenas delineadas com seus versos", Osakabe, ainda que "constrangido", procura quebrar o silêncio que se fez em torno do amigo depois de sua morte. Não há espaço aqui para seguirmos as pegadas, mas a própria forma de escrita de Osakabe se faz nessa linha de historicizar a experiência, mostrando que a "superposição particular dos gêneros" nos comoventes poemas constitui o "jeito particularmente indireto de ser" do amigo. Em nenhum momento Osakabe tenta resolver a questão do masculino e feminino nos poemas, fazendo, assim, uma análise da experiência nos termos propostos por Scott. É uma análise como essa — baseada na amizade — que estou pretendendo fazer em minha pesquisa com o Grupo de Mulheres na Delegacia.

Os exemplos de inspiração para essa análise são incontáveis e considero dois filmes — *Fale com ela*, de Pedro Almodóvar, e *Kill Bill I* e *II*, de Quentin Tarantino — especialmente importantes. São ambos filmes polêmicos justamente porque os diretores têm a coragem de se arriscar no assentamento e visualização de fronteiras, tratando a mulher como o lugar da diferença e da singularidade.

Em ambos os filmes, o corpo da mulher passa por um período longo de coma, mas com sinais óbvios de vida — elas respiravam e se alimentavam, e, além disso, em *Fale com ela*, a moça menstruava e em *Kill Bill I*, ela cuspia na cara das pessoas. Enquanto Tarantino mostra como esse corpo vivo pode ser tratado como mero objeto, com violência — a violência do enfermeiro, que alugava o corpo da moça para os homens fazerem sexo —, Almodóvar mostra como esse corpo vivo pode ser tratado como sendo parte da ordem do discurso e, portanto, como sendo preciso continuar a falar com ela — através da conversa sobre temas de que ela gostava, da massagem, do cuidado, de colocá-la para tomar banho de sol e até para conversar com a toureira, que estava vivendo uma experiência semelhante de estar em coma. Esta era a luta do rapaz/ enfermeiro. Falar com a moça, com o corpo — vivo — da moça através da relação amorosa, que, no filme, assim como no filme mudo dentro do filme, não se desvincula da relação sexual.

Por isso, não considero como sendo violência a relação sexual que o rapaz tem com a moça. Especialmente porque Almodóvar faz a cena da relação sexual evocar essa indecibilidade que conduz à epifania. Além disso, no número assustador de casos de abuso e estupro de mulheres e crianças que aparecem na Delegacia de Mulheres, os homens, assim como o enfermeiro em *Kill Bill I*, não estão absolutamente preocupados em cuidar; eles não estão pensando na dimensão da vida, e não pensam no bem-estar das crianças e das mulheres. Pelo contrário, eles estão buscando apenas o próprio prazer, usando as mulheres ou as crianças como puro objeto descartável sem a menor consideração sobre as consequências daquele ato violento na vida dessas mulheres e crianças. Embora, diferentemente da moça no filme de Almodóvar, todas elas falem e peçam que eles não façam aquilo, eles não falam com elas, eles não as escutam. Eles apenas impõem sua própria vontade através da força, assim como fez o personagem Bill ao responder com um tiro na cabeça da moça à sua fala de que o bebê que ela estava esperando era seu. Por isso também considero como resistência sua trajetória de vingança contra os que covardemente fizeram um massacre para impedir sua autonomia.

Em síntese, para mim, os filmes *Fale com ela* e *Kill Bill* tratam do desejo e são uma intervenção no sentido de mudar situações de dominação, através da responsabilidade pelo assentamento e visualização de fronteiras. Uma ação que exige muita criatividade e muita coragem, pois trata-se de visualizar o que geralmente não queremos ver. Almodóvar e Tarantino não estão preocupados apenas com a moral, com o visível, com o que está escrito na lei, que, em *Fale com Ela*, prende e isola o rapaz, que acaba se suicidando e que, certamente, num filme que não se abrisse para a fabulação como o de Tarantino[42], prenderia e mataria a moça que mata tanta gente — sozinha, apenas com a espada, que ela exigiu ser feita especialmente para ela, e às vezes com as próprias mãos — para afirmar sua diferença. Almodóvar e Tarantino têm a coragem de irem mais além e nos colocarem uma questão ligada à dimensão ética da vida. Não é de forma alguma fácil responder a esta questão, porém é preciso que ela seja colocada. Mais uma vez, são as questões, mais do que as respostas, o que mais interessa.

Os quatro conceitos que acabamos de estudar são fundamentais para se fazer uma análise da violência, na qual desemboca o preconceito contra a mulher. Passaremos agora a tratar dessa questão, fechando essa parte do trabalho sobre a desconstrução dos conceitos.

A questão da cumplicidade das mulheres com sua própria opressão, de que fala Beauvoir, aparece, sobretudo, na discussão sobre o problema do vitimismo, levantado por Gregori em seu estudo antropológico sobre a violência de gênero no *S.O.S. Mulher*, de

---

42. O termo "fabulação" é usado por Deleuze, tomando-o do cineasta canadense Pierre Perrault, que, segundo Deleuze, argumenta que "é preciso pegar alguém em 'flagrante delito de fabular'" para se formar um discurso de minoria, que resista ao "discurso do senhor ou do colonizador" (Deleuze, 1998, p. 157).

São Paulo, que atendia mulheres que viviam situações de violência. Gregori sugere que quando a mulher se prende a este discurso vitimista, ela não se implica em sua história e coloca o outro sempre como o responsável, criando uma dicotomia: vítima *versus* algoz. Para esta autora,

> O pior não é ser vítima (passiva) diante de um infortúnio; é agir para reiterar uma situação que provoca danos físicos e psicológicos. O difícil para esse tipo de vítima é exatamente o fato de que ela coopera na sua produção como não sujeito. Isto é, ela ajuda a criar aquele lugar no qual o prazer, a proteção ou o amparo se realizam desde que se ponha como vítima (Gregori, 1993, p. 184).

Gregori mostra como a posição de vítima é construída discursivamente através da queixa. Na queixa, há uma narrativa que expõe fatos como prova de que a pessoa que está narrando está isenta de culpa. A mulher quer acreditar e fazer acreditar que não tem nenhuma responsabilidade na situação.

> O lado perverso da queixa consiste nessa exterioridade de que se nutre e que provoca, num certo sentido, o aprisionamento do outro, daquele que escuta. O melhor termo é enlaçamento. (...) A queixa é eficaz quando eloquente, quando capaz de enlaçar o ouvinte, transformando-o em cúmplice (Gregori, 1993, p. 191).

Essa é uma questão complexa, que, em nossa pesquisa na Delegacia, estamos tentando entender, contrapondo ao conceito de queixa o conceito de demanda social, proposto por André Lévy, que a entende como tendo dois registros — um registro econômico, que se refere a um objeto concreto, e um registro psicológico, do desejo, que tem que ser interpretado, pois nem mesmo a mulher conhece o seu sentido. A queixa pode ser assimilada à demanda de objeto, a uma encomenda, que exige a submissão de quem a ouve, sem que se considere o registro psicológico, do desejo de quem a formula. A queixa se caracteriza pela ausência de compromisso da mulher com a situação na qual está — de fato — envolvida. Ao se queixar, a mulher coloca a responsabilidade — ou, o que é mais problemático, a culpa — do que está vivendo apenas no outro, sem ter condições de entender seu próprio desejo. Ela se coloca apenas no papel de vítima. A própria Delegacia reforça esta noção de vítima, pois, sendo uma instituição policial, está equipada para receber das mulheres o registro de uma denúncia contra o agressor (o "indiciado"), que é geralmente narrada em tom de queixa — elas são literalmente consideradas "vítimas". Trabalhar com a noção de queixa tem sido problemático para nós no Setor de Psicologia na Delegacia. Se, por um lado, não podemos evitar a queixa nem ignorá-la por estarmos trabalhando dentro da Delegacia, por outro lado, nada podemos fazer com a queixa no sentido de possibilitarmos alguma mudança na situação a partir das próprias mulheres, a não ser transformar a queixa em demanda social. Acreditamos que esse conceito nos possibilite retomar o sentido de experiência proposto por Scott, na medida em que busca entender a experiência de violência não como algo subjetivo, vivido por um sujeito pronto, mas sendo forjada historicamente no âmbito de relações de poder que constituem o sujeito discursivamente, sujeito este que é ao mesmo tempo sujeitado e tem agência.

    Alessandra Araújo, em sua dissertação de mestrado na UFMG, levanta importantes questões ao conceito de vitimismo de Gregori a partir de seu estudo de casais que comparecem ao JECRIM (Juizado Especial Criminal) de Belo Horizonte. Tomando o trabalho de Gregori num contexto mais amplo do que o que havíamos considerado em nossa pesquisa até então, Araújo retoma a citação de Gregori que reproduzimos acima, colocando-a no contexto do que ela considera ser o argumento central de Gregori, isto é, o problema da violência entre homem e mulher ser um problema de comunicação entre o casal que se dá numa "cena", que, apoiando-se nos *Fragmentos de um discurso amoroso*, de Roland Barthes, Gregori define como sendo, para dois sujeitos que brigam, "o exercício de um direito, a prática de uma linguagem da qual eles são coproprietários" (Gregori, 1993, p. 178). A citação de Gregori que Araújo utiliza para sustentar seu argumento se amplia então e ganha algumas ênfases:

> O leitor pode estar se perguntando: será que, no limite, os parceiros não se lançam nessas situações violentas porque gostam? Será que vítimas também são os maridos na medida em que, ao que se indica, as mulheres esperam deles, em determinadas circunstâncias, os gestos e manifestações de agressividade? *Todas essas e outras indagações podem ser feitas.* Contudo, é o corpo da mulher que sofre maiores danos, é nela que o medo se instala. E, paradoxalmente, é ela que vai se aprisionando ao criar sua própria vitimização. O pior não é ser vítima (passiva) diante de um infortúnio; é agir para reiterar uma situação que provoca danos físicos e psicológicos. O difícil para este tipo de vítima é exatamente o fato de que ela coopera na sua produção como um não sujeito. *Isto é, ela ajuda a criar aquele lugar no qual o prazer, a proteção ou o amparo se realizam desde que se ponha como vítima. Esse é o "buraco negro" da violência contra a mulher: são situações em que a mulher se produz — e não é apenas produzida — como não sujeito* (Gregori, apud Araújo, 2005, p. 73. A ênfase é de Araújo).

Araújo considera que, "mesmo reconhecendo que é sobre o corpo da mulher que a violência é exercida e o medo se instala, Gregori (1993a) ainda defende uma suposta cumplicidade entre os parceiros" (Araújo, 2005, p. 73), considerando, além disso, os homens também como sendo vítimas. Para Araújo, não se pode

> negar que homens gozam de privilégios sociais frequentemente negados às mulheres e, portanto, aceitar que as cenas de violência simplesmente façam parte de um jogo de comunicação e/ou de um jogo erótico *entre pares* é desconsiderar toda a historicidade da categoria gênero que evidencia a conversão de diferenças em desigualdades (Araújo, 2005, p. 73).

Araújo não nega que as mulheres atuem nas relações de violência nem que a dicotomia vítima/algoz seja "extremamente perigosa". O que ela critica em Gregori é seu foco apenas em "um dos pares da relação, no caso a mulher (que parece tomar como uma categoria homogênea)", correndo "o risco de redimir o outro da responsabilidade que também lhe cabe. Isto, além de injusto, é bastante arriscado" (Araújo, 2005, p. 73). Finalmente, Araújo questiona o fato de Gregori tomar o confronto entre a mulher e o homem como mera provocação, pois ele pode estar caracterizando uma disputa pela reconfiguração de determinado campo de poder[43]. Como ela coloca

> Por que, nestas situações, somente as mulheres deveriam se calar? Para se "preservarem"? O silêncio nem sempre lhes garante a proteção. Assim, diferente do que afirma Gregori, quando não se calam, em vez de contribuírem na própria produção como não sujeitos, estas mulheres podem estar justamente reivindicando o contrário. Aquilo que a autora chama de "provocação" talvez seja um questionamento ou um posicionamento contrário: atitudes estas típicas de sujeitos. A violência aparece, então, como uma tentativa de impedir a emergência de significados e sentidos que ameacem a hegemonia masculina. Importante ressaltar que os casos analisados por Gregori podem ser interpretados de outra maneira: mais do que exigir que seus companheiros sejam provedores, talvez aquelas mulheres estejam tentando renegociar os contratos conjugal e familiar (Araújo, 2005, p. 73-74).

Araújo, então, está tentando compreender como a experiência da violência constitui essas mulheres não apenas como não sujeitos, como argumenta Gregori, mas também como sujeitos com agência, com "atitudes tipicamente de sujeito". Isso amplia nosso entendimento das situações de violência em que desemboca o preconceito.

---

43. Me vem à cabeça o relato de uma das mulheres do grupo, que estava contrariando a vontade do marido, que disse a ela: "Eu vou te sangrar". O mais curioso é que esta mulher era uma profissional bem sucedida — com curso superior e um excelente emprego, que a permitia arcar com todas as despesas da família, já que o marido não trabalhava nem fora nem dentro de casa. Infelizmente não podemos ainda dar nomes às mulheres do Grupo por uma questão de ética na pesquisa.

A violência contra mulheres se dá nessa tentativa de delimitação de fronteiras que não podem ser atravessadas sob pena de algum tipo de punição, que pode ser até a morte. Haraway relata que um dos primeiros instrumentos encontrados pela arqueologia foram as cintas de segurar bebês, que estavam ali espalhadas entre machados e lanças. Esse acontecimento pode estar nos falando da diferença, de fronteiras entre mulheres e homens que faziam uso desses objetos, para tornar a questão das coletoras e dos caçadores, do privado e do público, como irresolvida, sem possibilidades de ser resolvida numa origem distante. Será que vale a pena resolvê-la? O que tem resultado de nossas tentativas de resolução, que têm gerado tanta violência?

Foi pensando em todas essas questões que criamos o Grupo de Mulheres na Delegacia, que teve sua primeira sessão no dia 20 de abril de 2001. Comemoramos o primeiro aniversário do grupo com um bolo de maçã, distribuindo a receita entre as pessoas que compareceram à festa na Delegacia. Na receita contamos o que simboliza o bolo e também nossa ideia de dar um nome ao Grupo, no seguinte texto:

> Junto com essa receita, contamos uma história diferente da história de Branca de Neve e os Sete Anões. Em nossa história, a bruxa não é má e horrorosa, nem oferece uma maçã envenenada para Branca de Neve dormir até que chegue o Príncipe. Não, em nossa história buscamos amizade[44] entre mulheres bruxas, mulheres negras, mulheres brancas, mulheres mestiças, mulheres mães, mulheres filhas, mulheres índias, mulheres estrangeiras, mulheres nativas, mulheres prostitutas, mulheres empregadas domésticas, mulheres do campo, mulheres da cidade, mulheres donas de casa, mulheres pobres, mulheres ricas, mulheres homossexuais, mulheres heterossexuais, mulheres professoras, mulheres estudantes, mulheres policiais, mulheres

---

44. Originalmente usamos o termo solidariedade, porém, no processo de transformação por que está passando nossa pesquisa, esse é um dos conceitos que está sendo revisto, ou melhor, desconstruído, para dar lugar ao conceito de amizade.

artistas — enfim, entre todas as mulheres do mundo — valorizando nossas diferenças para lutarmos contra a violência que muitas de nós sofremos pelo simples fato de sermos mulheres. Em nossa história, ao invés de usar maçãs, seja para atacar outras mulheres, como a bruxa da história fez, seja para seduzir o homem, como fez Eva, as mulheres fazem um delicioso bolo com as maçãs para comemorarem juntas o aniversário do Grupo, que passa a se chamar Grupo de Mulheres *As Faladeiras*, em homenagem à escultura *Les Bavardes*, de Camille Claudel.

A ideia do nome do grupo tinha surgido na sessão do dia 8 de março, dia internacional da mulher, quando homenageamos Camille Claudel por ela ter feito esculturas que mostram mulheres juntas em situações de aproximação. *Les Bavardes* é talvez sua escultura mais conhecida. São quatro mulheres sentadas, conversando, uma delas falando alguma coisa que as outras ouvem atentamente, as cabeças próximas, numa atitude de cumplicidade. A tradução do título em português é "As Bisbilhoteiras", que não consideramos adequado, devido ao sentido pejorativo relacionado à intriga e fofoca. "Faladeira", por outro lado, é uma palavra que só existe no feminino em Português (*Novo Aurélio, Século XXI*) — não existe "faladeiro" em nossa língua. E o sentido dessa palavra, de "mulher que fala muito e fala com indiscrição" se aproxima bem mais do sentido de "bavarde" em Francês, que é "a pessoa que conta com indiscrição" e "fala quando devia se calar" (*Petit Robert 1*).

No dia da festa de primeiro aniversário expusemos também o cartaz que o grupo produziu em três sessões consecutivas — uma colagem sobre cartolina feita com figuras recortadas de várias revistas — para convidarmos outras mulheres para participarem do grupo. Queríamos que a figura dissesse o que era o grupo para nós. A primeira figura escolhida por uma das mulheres foi uma enorme boca de homem gritando: "Cala a boca, incompetente!" Essa é a figura que fica bem no canto superior esquerdo, iniciando a mensagem de nosso cartaz. Quando viu a figura, a mulher comentou:

"É assim que ele fala pra mim. É só ele que pode falar". Quando estávamos terminando o cartaz, pedimos a essa mulher que fizesse uma marca de beijo de batom na parte do cartaz em que dávamos as boas vindas às mulheres, mas ela se recusou a fazer isso, alegando que achava seus lábios grossos demais. E logo se dispôs a emprestar seu batom para que alguma de nós — da equipe da Universidade — deixássemos a nossa marca, com nossos lábios de pessoas que não eram negras como ela. As fronteiras que aparecem no grupo, portanto, não dizem respeito apenas à diferença de gênero, mas de raça e classe, já que a grande maioria das mulheres que procuram a Delegacia são mulheres de classe baixa.

3
Concluindo
Algumas anotações sobre a amizade

Acredito que falar da amizade seja uma boa forma de irmos concluindo (no gerúndio) essas ideias sobre o preconceito. Começo essas anotações pela bela definição de Nietzsche, que é uma das epígrafes que introduzem o livro de Ortega.

A boa amizade surge quando se considera de fato o outro, e, na verdade, mais do que a si mesmo, quando se lhe ama, todavia não tanto como a si mesmo, e quando, finalmente, para facilitar as trocas, sabemos acrescentar o delicado toque e o frouxel da intimidade, mas ao mesmo tempo nos abstemos prudentemente da intimidade propriamente dita e da confusão do eu com o tu (Nietzsche, apud Ortega, 2000, p. 7).

Como argumentei acima, a análise de Osakabe me parece um tipo de análise que me inspira no desenvolvimento que estamos dando em nossa pesquisa na Delegacia, não apenas porque ele explicitamente se apoia no literário, mas porque, implicitamente, ele está usando a "amizade como modo de vida", que me parece muito indicado para nosso Grupo de Mulheres, especialmente porque desde o início viemos utilizando o conceito de demanda social, com seus dois registros — psíquico e econômico — de modo a entender a violência não simplesmente como uma questão pessoal, de cada uma das mulheres, mas tendo que ver também com o contexto histórico e político em que essas mulheres vivem. Ou seja, a demanda social é construída coletivamente através dos processos de subjetivação e singularização das mulheres. E, como mostra Ortega,

> O projeto foucaultiano de uma ética da amizade no contexto de uma possível atualização da estética da existência permite transcender o quadro da autoelaboração individual para se colocar numa dimensão coletiva. A amizade supera a tensão existente entre o indivíduo e a sociedade mediante a criação de um espaço intersticial (uma subjetivação coletiva), passível de considerar tanto necessidades individuais quanto objetivos coletivos e de sublinhar sua interação (Ortega, 2000, p. 91).

Entendo amizade no sentido que lhe dá Nietzsche, que a opõe ao amor, caracterizando este último como um desejo de posse (Ortega, 2000, p. 82). Amizade tampouco é fraternidade, como disse acima, e, sobretudo "não fortalece a identidade, mas constitui antes a possibilidade de nos transformarmos, a amizade é, no fundo, uma ascese, isto é, uma atividade de autotransformação e aperfeiçoamento", como escreve Ortega (2000, p. 80). A amizade que sempre concorda e nunca critica realmente fortalece nossa identidade, mas vimos que esse fortalecimento só reforça o preconceito, pois não possibilita "o desenvolvimento de uma sensibilidade para as diferenças e a alteridade" (Ortega, 2000, p. 80).

Infelizmente, no entanto, parece que continuam os apelos para se ver a amizade como mero reforço de identidade e não como permitindo um agonismo que não anulasse as diferenças. Está circulando pela Internet um e-mail cujo tema é "as amigas curam", falando de um estudo da UCLA que *"descobriu* que as amigas contribuem para o *fortalecimento da identidade* e proteção de nosso futuro" (grifos meus), que elas "ajudam a preencher os vazios emocionais de nossas relações com os homens e nos ajudam a recordar quem somos realmente". Tal estudo, feito basicamente por homens, se baseou em 50 anos de pesquisas que identificaram "substâncias químicas produzidas pelo cérebro", tais como o hormônio oxitocina, cuja produção é aumentada pelos estrógenos e que favorece o estabelecimento de relações de amizade entre mulheres, além de protegê-las contra uma série de enfermidades. Não é esta absolutamente a amizade que estou propondo aqui, me apoiando nos trabalhos de Nietzsche, Foucault e Ortega. Não acredito que haja nada a ser "descoberto" nos hormônios para explicar a amizade entre mulheres, especialmente uma amizade que reforça a identidade e preenche vazios. A não ser em pesquisas encomendadas por laboratórios que fabricam remédios de reposição hormonal. E não deve ser uma coincidência que a pesquisa seja feita por homens. A amizade tem a ver com o corpo, mas não simplesmente o corpo de hormônios e sim o corpo da ordem do discurso e do desejo, que assenta fronteiras.

Retrospectivamente, podemos considerar a organização dos movimentos de mulheres em "grupos de reflexão" para lutar contra o preconceito como uma forma de nós mulheres nos encontrarmos para falar das identificações com ideias preconcebidas sobre nós e criar uma rede de amizade que tornasse possível uma visão crítica da *doxa* corporal de que fala Butler. Os grupos poderiam estar funcionando como um performativo, uma outra maneira de formar e continuamente reformular e contestar o sujeito. Nos grupos de reflexão, estávamos contestando politicamente o sujeito, mas também tentando estabelecer "um sentido prático para o corpo", experimentando, como relata Haraway, "o prazer viscoso, físico, erótico... das conversas desarmônicas sobre ideias abstratas, *conserto de carro* e possíveis mundos (Haraway, 2004a, p. 131, grifos meus). Se, sem dúvida, ideias e possíveis mundos eram uma constante em nossas conversas nos grupos de reflexão no Brasil, acho que jamais falamos sobre conserto de carro. Isso não fazia absolutamente parte de nosso mundo. O tema do conserto de carro, troca de pneus etc., é, no entanto, recorrente quando se fala nos grupos de reflexão nos Estados Unidos, e não é difícil imaginar por quê. Na década de 1970, no Brasil, eram poucas as mulheres — mesmo as de classe média — que tinham seu próprio carro — o carro era geralmente do marido, ou, na melhor das hipóteses, da família, e quem cuidava do conserto do carro era o marido. Além disso, a maioria de nós em nosso grupo não sabíamos dirigir e das que dirigiam, quando tinham que lidar com a troca de pneu, nem passava pela cabeça que não fosse um homem, geralmente um mecânico, que iria tratar do assunto. Ou seja, assuntos de carro não se colocavam como uma questão para nós. Nos Estados Unidos, por outro lado, as mulheres — mesmo algumas mulheres de classe baixa — tinham seu próprio carro desde pelo menos a década de 1950. Dirigir carros é uma instituição naquele país. Daí a importância da carteira de motorista como equivalente à carteira de identidade. Realmente, como diz Haraway, nossas incorporações são muito heterogêneas, assim como nossos desejos.

Voltando aos filmes de Almodóvar e Tarantino que discutimos anteriormente, neles as mulheres não são estereotipadas e aparecem em toda sua diversidade e complexidade. São fortes — enfrentam seus inimigos com a espada ou com as próprias mãos — e ao mesmo tempo vulneráveis — têm medo de cobra e se comovem com a fragilidade de outras mulheres. São engraçadas, bravas, amorosas, amigas[45]. Enfrentam os obstáculos (representados por cadeiras na cena realmente comovente do ballet de Pina Bausch que abre *Fale com ela*) com leveza e também com desespero. A dança, aliás, é a metáfora que atravessa os filmes de Almodóvar e Tarantino do princípio ao fim. Dança como uma maneira de se sentir parte do Universo, "como eletricidade", como diz Billy Elliot no filme do mesmo nome, de Stephen Daldry. A afinidade entre esses três filmes

---

45. Acho realmente comovente a cena de *Kill Bill I* em que as duas mulheres concordam em dar uma pausa no seu combate mortal por causa da filhinha de uma delas que está chegando da escola.

está justamente na tentativa de romper com a estereotipia. O pai e o irmão de Billy, que trabalham numa mina de carvão na Irlanda, conseguem vencer, depois de muita luta, sua resistência a admitir que homens podem escolher a dança em vez do boxe, que homens sabem cuidar tão bem quanto as mulheres, que homens podem nutrir amizades fortes entre eles, incluindo beijos e abraços e risos, enfim, que homens se emocionam e choram. É interessante que nos filmes de Daldry e Almodóvar as mulheres com papéis centrais tenham uma presença marcante, embora estejam impedidas de falar — pela morte, no caso da mãe de Billy, ou pelo coma, no caso da bailarina e da toureira — e são os homens que falam — com elas ou entre si —, desenvolvendo uma relação de amizade aberta às sensações e sentimentos, que tem sido pouco comum entre os machos da espécie humana.[46]

É preciso mesmo falar — dizer e escrever — com o corpo, com as árvores, com os bichos, com os objetos, com nossas amigas, com nossos amigos, através dos poemas, buscando viver nossa vida como obra de arte, como nos ensinou o Professor Foucault. Talvez se trate mais de "fabular". Em nosso Grupo estamos começando a usar a escrita de várias maneiras. Uma mulher escreveu contando a experiência de ter sido estuprada aos 15 anos pelo pai, outra mulher está escrevendo contando como tem sido sua peregrinação enfrentando a burocracia dos serviços de saúde, na tentativa de internar o filho viciado em drogas[47], uma outra mulher faz pequenas anotações de seu cotidiano. Estamos começando a dar muita im-

---

46. Estou usando o significante macho para reforçar a ideia de unidade do corpo com o organismo, o psíquico, o social e o político através de discurso. A teoria feminista na Europa e nos Estados Unidos frequentemente usa *male* e *female* para significar mulheres e homens. No Brasil, Suely Rolnik, num artigo intitulado "Machos & Fêmeas", também aponta para essa unidade ao argumentar que "macho e fêmea estão sendo vividos no corpo de um outro jeito, cuja linguagem apenas começa a se esboçar", deixando "homens e mulheres desorientados e sozinhos" (1998, p. 69).

47. Essa mulher procurou a Delegacia justamente para denunciar as agressões desse filho contra ela.

portância ao ato de escrever — e também de ler — não apenas nossas produções, mas literatura que nos ajude a entender as experiências do Grupo, pois, como vimos, a teoria e a prática feministas se desenvolveram através da produção de uma linguagem nova que desconstrói as definições e os conceitos que nos prendem a uma subjetividade sujeitada. Além disso, acreditamos, como Rancière, que a escrita é "coisa política". Como ele escreve,

> Escrever é o ato que, aparentemente, não pode ser realizado sem significar, ao mesmo tempo, aquilo que realiza: uma relação da mão que traça linhas ou signos com o corpo que ela prolonga; desse corpo com a alma que o anima e com os outros corpos com os quais ele forma uma comunidade; dessa comunidade com a sua própria alma. (...) o ato de escrever é uma maneira de ocupar o sensível e de dar sentido a essa ocupação. Não é porque a escrita é o instrumento do poder ou a via real do saber, em primeiro lugar, que ela é coisa política. Ela é coisa política porque seu gesto pertence à constituição estética da comunidade e se presta, acima de tudo, a alegorizar essa constituição (Rancière, 1995, p. 7).

Compartilhar nossa escrita e a escrita de outras pessoas no Grupo tem sido uma experiência nova, que está nos possibilitando verificar a relação de amizade que tem sido construída entre nós, nos fortalecendo, não no sentido de recordarmos "quem somos realmente", reforçando uma identidade estável, mas, pelo contrário, nos abrindo para o desejo que impulsiona nossa transformação, desenvolvendo em nós uma sensibilidade para a diferença através da criação de um espaço que considere a interação do singular e do coletivo. Afinal, como sugere o trabalho de Derrida[48], escrita e diferença andam juntas, expondo a presunção da presença/essência da fala.

---

48. Ver especialmente *Of Grammatology* (1980) e *Margins of Philosophy* (1982).

Referências bibliográficas

ANZALDÚA, Gloria. "Falando em línguas: uma carta para as mulheres escritoras do terceiro mundo". Revista *Estudos Feministas*, v. 8, n. 1, 2000. p. 229-236.

ARAÚJO, Alessandra. *Atuação do Juizado Especial Criminal nos Casos de Violência contra a Mulher: intervenções e perspectivas*. Dissertação de Mestrado em Psicologia, Faculdade de Filosofia e Ciências Humanas, Universidade Federal de Minas Gerais, 2005.

AZEREDO, Sandra. "Era uma vez... uma análise". *Cadernos Pagu* (20), 2003. p. 205-216.

BARROS, Manoel de. *Livro sobre nada*. 5. ed. Rio de Janeiro: Record, 1997.

BAKHTIN, Mikhail. "Discourse in the Novel". In: Holquist, Michael (ed.). *The dialogical imagination: four essays by M. M. Bakhtin*. Austin: University of Texas Press, 1983.

BEAUVOIR, Simone de. (1949). *O segundo sexo*. 4. ed. Trad. de Sérgio Milliet. Fatos e Mitos. São Paulo: Difusão Européia do Livro, v. 1, 1970.

_____. (1949). *O Segundo Sexo*. 3. ed. Trad. de Sérgio Milliet. A Experiência Vivida. São Paulo/Rio de Janeiro: Difusão Européia do Livro, v. 2, 1975.

BLEICHMAR, Emilce Dio. *El feminismo espontáneo de la histeria: estúdio de los transtornos narcisistas de la feminidad*, 1985.

BUTLER, Judith. (1992). "Fundamentos contingentes: o feminismo e a questão do 'pós-modernismo'". Trad. de Pedro Maia Soares. *Cadernos Pagu* (11), Campinas: Editora Unicamp, 1998. p. 11-42.

BUTLER, Judith. *The psychic life of power*: theories in subjection. Stanford: Stanford University Press, 1997a.

_____. *Excitable speech*: a politics of the performative. New York and London: Routledge, 1997b.

_____. "Passing, queering: Nella Larsen's psychoanalytic challenge". In: *Bodies that Matter: on the discursive limits of "sex"*. New York/London: Routledge, 1993. p. 167-185.

BUTLER, Judith. *Gender trouble*: feminism and the subversion of identity. New York/London: Routledge, 1990.

_____ e SCOTT, Joan (eds.). *Feminists theorize the political*. New York/London: Routledge, 1992.

CARROLL, Lewis. *Aventuras de Alice*. 3. ed. Trad. e org. de Sebastião Uchoa Leite. São Paulo: Summus, 1980.

CHAUI, Marilena. *A nervura do real*. São Paulo: Companhia das Letras, 1999.

_____. "Participando do Debate sobre Mulher e Violência". In: FRANCHETTO, Bruna et al. (orgs.). *Perspectivas antropológicas da mulher/Sobre mulher e violência*, 1985. p. 23-62.

CHODOROW, Nancy. *The reproduction of mothering*: psychoanalysis and the sociology of gender. Berkeley, Los Angeles: University of California Press, 1979.

CIAMPA, Antonio. "Identidade". In: LANE, Sílvia e CODO, Wanderley (orgs.). *Psicologia Social*: o homem em movimento. 8. ed. São Paulo: Brasiliense, 1989. p. 58-75.

CORREA, Mariza. "Apresentação". *Cadernos Pagu* (12), Campinas: Editora Unicamp, 1999. p. 7-10.

_____. "Sobre a invenção da mulata". *Cadernos Pagu* (6-7), 1996, p. 35-50.

COSTA, Cláudia de Lima. "O sujeito no feminismo: revisitando os debates". *Cadernos Pagu* (19), Campinas: Editora Unicamp, 2002. p. 59-90.

COSTA, Cláudia de Lima e ÁVILA, Eliana. "Gloria Anzaldúa, a consciência mestiça e o 'feminismo da diferença'". Revista *Estudos Feministas*. 13 (3), Florianópolis: Editora UFSC, 2005. p. 691-703.

DELEUZE, Gilles. *Conversações: 1972-1990*. Trad. de Peter Pál Pelbart. Rio de Janeiro: Editora 34, 1998.

DELEUZE, Gilles e GUATTARI, Félix. *O que é a Filosofia?* Trad. de Bento Prado Jr. e Alberto Alonso Muñoz. Rio de Janeiro: Editora 34, 1993.

DERRIDA, Jacques. *Margins of Philosophy*. Trad. de Alan Bass. Chicago: The University of Chicago Press, 1982.

_____. *Of Grammatology*. Trad. de Gayatri Spivak. Baltimore, Maryland: The John Hopkins University Press, 1980.

_____. *Spurs — Nietzsche's Styles/Éperons —Les Styles de Nietzsche*. Versão francesa-inglesa (trad. de Barbara Harlow). Chicago and London: The University of Chicago Press, 1979.

ESPINOSA, Baruch de. *Tratado Político*. Trad. de Manuel de Castro. In: *Baruch de Espinosa* (Coleção Os Pensadores). São Paulo: Abril Cultural, 1979. p. 303-366.

FERRAZ, Maria Cristina Franco. *Nietszche, o bufão dos deuses*. Rio de Janeiro: Relume Dumará, 1994.

FONTELA, Orides. *Poesia Reunida (1969-1996)*. Rio de Janeiro: Viveiros de Castro Editora, 2006.

_____. "Poesia, sexo, destino: Orides Fontela". Entrevista a Augusto Massi, José Maria Cançado e Flávio Quintiliano. *Leia Livros*, São Paulo, 23 de janeiro, 1989. p. 23-25.

FOUCAULT, Michel. "Eu sou um pirotécnico" (sobre o método e a trajetória de Michel Foucault gravada em junho de 1975). In: POL-DROIT, Roger. *Michel Foucault, entrevistas*. Trad. de Vera Portocarrero e Gilda Carneiro. São Paulo: Graal, 2006. p. 67-100.

_____. (1971). "Nietzsche, la généalogie, la histoire". In: DEFERT, Daniel, EWALD, François e LAGRANGE, Jacques (eds.). *Dits et écrits I, 1954-1975*. Paris: Quarto Gallimard, 2001. p. 1004-1024.

_____. (1971). *A ordem do discurso*. Trad. de Laura Sampaio. São Paulo: Loyola, 1996.

_____. *Histoire de la sexualité 2*: L'usage des plaisirs. Paris: Gallimard, 1984a.

_____. *Histoire de la sexualité 3*: Le souci de soi. Paris: Gallimard, 1984b.

_____. "The Subject and Power". In: DREYFUS, Hubert e RABINOW, Paul. *Michel Foucault*: beyond structuralism and hermeneutics. 2. ed. Chicago: The University of Chicago Press, 1983. p. 208-226.

_____. *Microfísica do poder*. Organização e tradução de Roberto Machado. Rio de Janeiro: Graal, 1979.

_____. (1976). *História da sexualidade 1*: A vontade de saber. Trad. de Maria Theresa da Costa Albuquerque e J. A. Guillon de Albuquerque. Rio de Janeiro: Graal, 1977a.

FOUCAULT, Michel. (1970). "Theatrum Philosophicum". In: BOUCHARD, Donald F. (ed. e trad.). *Language, counter-memory, practice*: selected essays and interviews by Michel Foucault. Ithaca, New York: Cornell University Press, 1977b. p. 165-196.

_____. (1969) "What is an author?". In: BOUCHARD, Donald F. (ed. e trad.). *Language, counter-memory, practice*: selected essays and interviews by Michel Foucault. Ithaca, New York: Cornell University Press, 1977c. p. 113-138.

FREUD, Sigmund. (1932). "Femininity". In: *New Introductory Lectures on Psychoanalysis*. New York: W. W. Norton & Company, 1965. p. 99-119.

_____. (1937). "Analysis Terminable and Interminable". In: RIEFF, Philip (ed.). *Therapy and Technique*. New York: Collier Books, 1963a. p. 233-271.

_____. (1931). "Female Sexuality". In: RIEFF, Philip (ed.). *Sexuality and the Psychology of Love*. New York: Collier Books, 1963b. p. 194-211.

GEERTZ, Clifford. *The interpretation of cultures*. New York: Basic Books, 1973.

GIACOMINI, Sônia. "Beleza mulata e beleza negra". Revista *Estudos Feministas*. Número especial, 2° semestre, 1994. p. 217-227.

_____. "Aprendendo a ser mulata: um estudo sobre a identidade da mulata profissional". In: COSTA, Albertina e BRUSCHINI, Cristina. *Entre a virtude e o pecado*. Rio de Janeiro/São Paulo: Rosa dos Tempos/Fundação Carlos Chagas, 1992.

GREGORI, Maria Filomena. *Cenas e queixas*: um estudo sobre mulheres, relações violentas e a prática feminista. Rio de Janeiro/São Paulo: Paz e Terra/ANPOCS, 1993.

GROSZ, Elizabeth. (1994). "Corpos reconfigurados". *Cadernos Pagu* (14), 2000. p. 45-86.

GRUPO CERES. *Espelho de Vênus*: identidade social e sexual da mulher. São Paulo: Brasiliense, 1981.

GUATTARI Félix e ROLNIK, Suely. *Micropolítica* — cartografias do desejo. 3. ed. Petrópolis: Vozes, 1993.

HARAWAY, Donna. *The Haraway reader*. New York/London: Routledge, 2004a.

_____. "'Gênero' para um dicionário marxista: a política sexual de uma palavra". *Cadernos Pagu* (22), 2004b. p. 201-246.

_____. (1985). "Manifesto Ciborgue: ciência, tecnologia e feminismo-socialista no final do século XX". In: SILVA, Tomaz Tadeu da (organização e tradução). *Antropologia do ciborgue*: as vertigens do pós-humano. Belo Horizonte: Autêntica, 2000.

HARAWAY, Donna. (1988). "Saberes localizados: a questão da ciência para o feminismo e o privilégio da perspectiva parcial". Trad. de Mariza Correa. *Cadernos Pagu* (5), 1995. p. 7-41.

IRIGARAY, Luce. *Je, tu, nous*: toward a culture of difference, 1993.

_____. *Ce sexe qui n'En est pas un*. Paris: Les Éditions de Minuit, 1977.

_____. *Speculum de L'autre femme*. Paris: Les Éditions de Minuit, 1974.

KOFMAN, Sarah. *L'Enigme de la femme*: la femme dans les textes de Freud. Paris: Editions Galilée, 1980.

KONDER, Leandro. *O futuro da Filosofia da práxis*: o pensamento de Marx no século XXI. 2. ed. Rio de Janeiro: Paz e Terra, 1992.

LAZNIK, Marie-Christine. *O Complexo de Jocasta*: a feminilidade e a sexualidade sob o prisma da menopausa. Rio de Janeiro: Editora Companhia de Freud, 2003.

LATOUR, Bruno. *Laboratory Life*: the social construction of scientific facts. Beverly Hills, London: Sage, 1979.

LÉVY, André. "A Psicossociologia: crise ou renovação?". In: MATA MACHADO, Marília da et al. (orgs.). *Psicossociologia*: análise social e intervenção. Petrópolis: Vozes, 1994.

LISPECTOR, Clarice. *Laços de família*. 27. ed. Rio de Janeiro: Francisco Alves, 1994.

LOURO, Guacira (org.). *O corpo educado*: pedagogias da sexualidade. Belo Horizonte: Autêntica, 1999.

_____. *Gênero, sexualidade e educação*: uma perspectiva pós-estruturalista. Petrópolis: Vozes, 1997.

MERNISSI, Fátima. "Zhor's World: a moroccan domestic worker speaks out". *Feminist Issues*, v. 2, n. 1, verão de 1982. p. 3-31.

MITCHELL, Juliet. "Introduction I" In: MITCHELL, J. e ROSE, Jacqueline. *Feminine sexuality*: Jacques Lacan and the École Freudienne. London: W. W. Norton & Company, 1982.

MORAGA, Cherríe; ANZALDÚA, Gloria (eds.). *This Bridge Called My Back*: writings by radical women of color. Watertown, Massachusetts: Persephone Press, 1981.

MOUFFE, Chantal. (1992). "Feminismo, cidadania e política democrática radical". Trad. de Hortensia Moreno. *Debate Feminista*. Número especial: cidadania e feminismo, 1999a. p. 29-47.

MOUFFE, Chantal. "Por uma política da identidade nômade". Trad. de Mónica Mansour. *Debate Feminista*. Número especial: cidadania e feminismo, 1999b. p. 266-275.

OMI, Michael e WINANT, Howard. *Racial formation in the United States*: from the 1960^S to the 1990s. New York/London: Routledge, 1994.

ORTEGA, Francisco. *Para uma política da amizade*: Arendt, Derrida, Foucault. Rio de Janeiro: Relume-Dumará, 2000.

OSAKABE, Haquira. "Esse pudor excessivo... (gênero em notas sobre alguns poemas de Álvaro Pinto Sobrinho)". *Cadernos Pagu* (14), 2000. p. 277-290.

RANCIÈRE, Jacques. (1987). *O mestre ignorante*: cinco lições sobre a emancipação intelectual. Trad. de Lílian do Valle. Belo Horizonte: Autêntica, 2002.

_____. *O desentendimento*: Política e Filosofia. Trad. de Ângela Leite Lopes. São Paulo: Editora 34, 1996a.

_____. "O dissenso". In: NOVAES, Adauto (org.). *A crise da razão*. São Paulo: Companhia das Letras, 1996b. p. 367-382.

_____. *Políticas da escrita*. Trad. de Raquel Ramalhete et al. São Paulo: Editora 34, 1995.

RIBEIRO, Mariska. *Mulher brasileira*: uma história cantada. Brasília: Conselho Nacional dos Direitos da Mulher, 1997.

ROLNIK, Suely. "Machos & Fêmeas". In: LINS, Daniel (org.). *A dominação masculina revisitada*. Campinas: Papirus, 1998. p. 69-71.

RORTY, Richard. *Contingency, irony, and solidarity*. Cambridge: Cambridge University Press, 1992.

ROSALDO, Michelle. (1980). "O uso e o abuso da antropologia: reflexões sobre o feminismo e o entendimento intercultural". *Horizontes Antropológicos*, ano 1, n. 1, 1995. p. 11-36.

RUBIN, Gayle. "The traffic in women: Notes on the 'Political Economy' of sex". In: REITER, Rayna. *Toward an antropology of women*. New York: Monthly Review Press, 1975. p. 157-210.

SCOTT, Joan. (1992). "Experiência". In: SILVA, Alcione, LAGO Mara e RAMOS Tânia. *Falas de gênero*. Ilha de Santa Catarina: Editora Mulheres, 1999. p. 21-55.

TRINH, Minh-há. "Not you/Like you: post-colonial women and the interlocking questions of identity and difference". *Inscriptions* 3/4, 1988. p. 71-77.

VYGOTSKY, Lev S. *Pensamento e Linguagem*. Trad. do ingl. Jefferson Luiz Camargo, 1999, 2. ed. 2. tiragem. São Paulo: Martins Fontes, 1999.

WOOLF, Virginia. (1928). *A Room of One's Own*. Middlesex, England: Penguin Books, 1965.

Bibliografia sugerida para aprofundamento do tema*

Revistas

Cadernos Pagu. Publicação do *PAGU* — Núcleo de Estudos de Gênero/Unicamp, Campinas, São Paulo. Início: 1993.

Revista Estudos Feministas. Publicação do Centro de Filosofia e Ciências Humanas, Universidade Federal de Santa Catarina, Florianópolis, Santa Catarina. Início: 1992, na UFRJ.

Debate Feminista. Publicação da AGENDE (Ações em Gênero, Cidadania e Desenvolvimento), Brasília, 1999. Número especial: Cidadania e Feminismo.

Horizontes Antropológicos. Publicação do Programa de Pós-Graduação em Antropologia Social da UFRGS, 1995, v. 1, n. 1. Número especial sobre Gênero.

Educação e Realidade. Publicação da Faculdade de Educação/UFRGS, jul./dez. 1995, v. 20, n. 2. Número especial sobre gênero e educação.

Kriterion. Publicação do Departamento de Filosofia da FAFICH/UFMG, v. XXXI, ns. 81-82, julho 88 a junho 89. Número especial sobre Antropologia Filosófica: *Sobre a condição da mulher*.

Perspectivas Antropológicas da Mulher, v. 1, 2, 3, 4 (1981 a 1985). Rio de Janeiro: Zahar Editores.

CADERNOS AEL n. 3/4, 1995/1996. Mulher, história e feminismo. IFCH, Unicamp.

---

* Esta é uma bibliografia básica publicada em português, que possibilitará, inclusive, especialmente através das revistas, que as pessoas interessadas no tema permaneçam atualizadas sobre ele. Naturalmente, as publicações citadas nas referências bibliográficas são também recomendadas.

Coletâneas

BRUSCHINI, Cristina; ARDAILLON, Danielle; UNBEHAUM, Sandra. *Tesauro para estudos de gênero e sobre mulheres*. São Paulo/Rio de Janeiro: Fundação Carlos Chagas/Editora 34, 1998.

COSTA, Albertina; BRUSCHINI, Cristina (Orgs.). *Entre a virtude e o pecado*. Rio de Janeiro/São Paulo: Fundação Carlos Chagas/Rosa dos Tempos, 1992a.

_____. *Uma questão de gênero*. Rio de Janeiro/São Paulo: Fundação Carlos Chagas/ Rosa dos Tempos, 1992b.

_____. *Rebeldia e submissão*. São Paulo: Vértice e FCC, 1989.

LINS, Daniel (org.). *A dominação masculina revisitada*. Campinas: Papirus, 1998.

LOURO, Guacira Lopes (Org.). *O corpo educado*: pedagogias da sexualidade. Belo Horizonte: Autêntica, 1999.

SILVA, Alcione et al. (Orgs.). *Falas de gênero*. Ilha de Santa Catarina: Editora Mulheres, 1999.

Livros

BELOTTI, Elena Gianini. *O descondicionamento da mulher*. Petrópolis: Vozes, 1975.

BUTLER, Judith. (1990). *Problemas de gênero*: feminismo e subversão da identidade. Trad. de Renato Aguiar. Rio de Janeiro: Civilização Brasileira, 2003.

CHAUI, Marilena. *Repressão sexual*: essa nossa (des)conhecida. 2. ed. São Paulo: Brasiliense, 1984.

D'ÁVILA, Inácia. *Minha lição de anatomia (e a dos outros)*. Rio de Janeiro: Mauad, 2005.

PORTINARI, Denise. *O discurso da homossexualidade feminina*. São Paulo: Brasiliense, 1989.

GLOSSÁRIO

CORPO: Organismo vivo que tem agência e se coloca na ordem do discurso, que não necessariamente termina na pele, e que se movimenta para além de suas próprias fronteiras em sua relação com outros corpos dos mais diferentes tipos, falando sua própria linguagem. O corpo morto (cadáver) não é mais corpo (Haraway). O corpo é "um lugar de inscrições, produções ou constituições sociais, políticas, culturais e geográficas" (Grosz). Ou seja, a dicotomia corpo/mente não é um bom modelo para se entender o corpo.

DESCONSTRUÇÃO: Método proposto por Nietzsche e desenvolvido por Derrida para criticar os conceitos da metafísica, que se colocam como uma verdade universal, perfeita em sua origem, e idêntica a si mesma, mantendo uma estabilidade através dos tempos. Não é a revelação de erro, mas a crítica de algo que é extremamente útil, algo sem o qual não podemos passar (Gayatri Spivak).

DIFERENÇA: Termo que coloca em xeque a noção de identidade, enquanto algo único, estável, centrada em si mesma e portadora de uma essência original. A diferença assenta e visualiza fronteiras. Podemos falar em diferença de gênero, que não se limita à diferença sexual, mas que se abre para uma multiplicidade de gêneros; diferença racial e diferença de classe, mas sempre pensando na diferença *entre* os espaços delimitados por gênero, raça e classe. Diferença diz respeito à alteridade, à existência de outrem que não o eu.

EXPERIÊNCIA: "É o processo pelo qual, para todos os seres sociais, a subjetividade é construída. Através desse processo a pessoa se coloca ou é colocada na realidade social e, assim, percebe e compreende como subjetivas (que se originam no indivíduo e se referem a ele próprio) aquelas relações — materiais, econômicas e interpessoais — que são, de fato, sociais, e, numa perspectiva maior, históricas" (Teresa de Lauretis).

FEMININO/MASCULINO: Divisão sexual apoiada na reprodução biológica, que se refere a dicotomias produzidas pela cultura, especialmente através da educação, tais como passividade/atividade, sensibilidade/agressividade. Refere-se também à fêmea e ao macho dentro de mulheres e homens, numa tensão permanente, que não pode ser resolvida, apesar de tentativas permanentes da sociedade de resolvê-las.

FEMINISMO: Um movimento político que luta contra o preconceito contra a mulher, mas entende que esse preconceito tem ligações com outros tipos de preconceito, que se reforçam. Para as feministas, a expressão "feminista de carteirinha" não faz o menor sentido. Essa caracterização — frequentemente usada para nos definir, eu diria mesmo contra nós —, na verdade, não tem nada de inocente, pois busca justamente juntar os feminismos numa única instituição, como um clube, ao qual as pessoas se filiam e recebem uma carteirinha. Isso não tem absolutamente nada a ver com o feminismo porque ele não é simplesmente uma instituição, ou, pelo menos, tenta não o ser, na medida em que busca ser instituinte, visando ao contínuo desmanchar do instituído. Na verdade, são muitos feminismos.

GÊNERO/SEXO: Gênero é um verbo no gerúndio, produzindo seres sexuados performaticamente, através de normas constantemente reiteradas. A dicotomia que separa gênero como sendo meramente cultural, apoiado no sexo, meramente biológico, é um erro, pois apenas substitui uma determinação por outra, perdendo o elemento performático de produção de sujeitos generificados.

IDENTIDADE: Operacionalmente, refere-se à resposta à pergunta "Quem sou eu?" (Ciampa). Diz respeito a uma ilusão de unidade, estabilidade e permanência para se lidar com a realidade visível e consciente, ilusão esta que se desfaz no encontro constante com a diferença e a alteridade. A identidade se estabelece em relação e se constrói em função de uma diferença. Toda identidade se constitui através de um exterior que a desestabiliza (Mouffe).

MACHISMO: Também se diz atualmente Masculinismo. Conjunto de valores e normas que tem como objetivo manter privilégios dos homens em detrimento dos direitos das mulheres, considerando estas como naturalmente inferiores àqueles.

MISOGINIA: Desprezo ou aversão às mulheres (*Aurélio Século XXI*). A etimologia da palavra é grega: *misein* (ódio) + *gyne* (mulher).

PODER: Não significa "o Poder" como conjunto de instituições e aparelhos garantidores da sujeição dos cidadãos em um estado determinado. Deve-se compreender o poder como a multiplicidade de relações de força imanentes ao domínio onde se exercem e constitutivas de sua organização. O poder não é algo que se adquire, que se guarde ou deixe escapar; o poder se exerce a partir de inúmeros pontos e em meio a relações desiguais e móveis. As relações de poder são, ao mesmo tempo, intencionais e não subjetivas e onde há poder há resistência e esta nunca se acha em posição de exterioridade em relação ao poder (Foucault).

SUJEITO: Há dois sentidos da palavra: sujeito a alguém por controle ou dependência, e preso à sua própria identidade por consciência ou autoconhecimento. Ambos os sentidos sugerem uma forma de poder que subjuga e torna o indivíduo sujeito a alguma coisa (Foucault). A sujeição implica dependência a um discurso que não escolhemos, mas que inicia e sustenta nossa agência (Butler).

VIOLÊNCIA DE GÊNERO: Segundo Araújo, é importante fazer diferenciações dentro dessa categoria mais ampla de modo a não esquecer toda uma tradição sócio-histórica de subjugação da mulher, em que a violência é utilizada como instrumento de controle eficaz.

Violência de Gênero: esta é a modalidade mais abrangente, agrupando homens, mulheres, crianças e adolescentes de ambos os sexos.

Não se pode negar, contudo, que homens adultos (heterossexuais) assumam, com frequência, a posição de agressores.

Violência Doméstica: os envolvidos vivem, parcial ou integralmente, no mesmo domicílio, cujo espaço pode ser real ou simbólico. Não ocorre apenas, e necessariamente, entre parentes, alcançando também agregados e empregadas domésticas (abusadas e assediadas sexualmente por seus patrões), por exemplo. Esta modalidade inclui ainda a violência perpetrada por mulheres que, embora ínfima quando praticada contra homens, é significativa quando os(as) vitimados(as) são crianças e adolescentes.

Violência Familiar: apresenta grande sobreposição com a violência doméstica e também não se restringe ao espaço do lar. Os envolvidos, no entanto, são exclusivamente membros da mesma família — nuclear ou extensa. Categoria importante ao estudo do abuso incestuoso, por exemplo, pois, nas situações em que o agressor é um parente, o trauma costuma ser bastante diferenciado.

Violência contra Mulheres: apesar de incluir mulheres de qualquer faixa etária na posição de vitimadas, exclui homens em qualquer circunstância. Além disso, existem certos tipos de agressão, tipificados como crime, que só podem ser perpetrados por homens e contra mulheres (o estupro, por exemplo).